中国大学生体育协会"十三五"规划课题（2017135
江苏高校品牌专业建设工程项目（PPZY2015A007）

U0582134

高校适应性体育

李波 著

 南京大学出版社

图书在版编目(CIP)数据

高校适应性体育 / 李波著. — 南京：南京大学出版社，2019.7

ISBN 978 - 7 - 305 - 22205 - 4

Ⅰ.①高…　Ⅱ.①李…　Ⅲ.①儿童教育－特殊教育－体育教学－教学研究－高等学校　Ⅳ.①G764

中国版本图书馆 CIP 数据核字(2019)第 098506 号

出版发行　南京大学出版社
社　　址　南京市汉口路 22 号　　　　邮编　210093
出 版 人　金鑫荣

书　　名　**高校适应性体育**
作　　者　李　波
责任编辑　丁海燕　钱梦菊

照　　排　南京理工大学资产经营有限公司
印　　刷　徐州新华印刷厂
开　　本　787×960　1/16　印张 12.25　字数 188 千
版　　次　2019 年 7 月第 1 版　2019 年 7 月第 1 次印刷
ISBN　978 - 7 - 305 - 22205 - 4

定　　价　40.00 元
网　　址：http://www.njupco.com
官方微博：http://weibo.com/njupco
官方微信号：njupress
销售咨询热线：(025)83594756

序
preface

　　2015～2016年在日本留学期间，我完成了针对普通高校体育特殊教育的专著《体育特殊教育》，当时获得了国家体育总局及国家留学基金委的资助，在此也表示感谢。在动笔之前其实颇有感触，一是从事了十几年的"体育保健课"教学工作，也一直从事相关的研究，同时作为"国家级残疾人体育健身指导员"，对体育特殊教育有着深厚的感情，对特殊群体及他们的家庭也有着自己的理解和认识；二是正好借助日本留学的机会，学习并亲身体验了不同的特殊教育理念、氛围及环境。因此，在写作时，更希望能够紧贴高校教学实际，在理论上力求站在前沿，在实践上争取具有更强的指导性。虽然希冀做到完美，但终归还是留下了遗憾，由于时间和篇幅的原因，在实践层面还不够具体细化，有些具体教学内容未涉及或不够深入。所以，这次决定在原有基础上进一步进行扩展和深入，也可以说是前面专著的姊妹篇。

　　根据本人十几年的体育特殊教学经验，客观地讲，国家和高校越来越重视特殊教育，支持力度也越来越大，这是值得欣慰的。但由于主客观原因的存在，加之原有基础相对薄弱，目前高校在体育特殊教学方面和发达国家之间还是存在一定的差距，有软件方面的，也有硬件方面的。因此，对于我们体育特殊教育工作者而言，有压力，也有动力，我想既要主动学习先进的理念和方法，不能闭门造车，安于现状，又要脚踏实地，根据中国国情一步一步

1

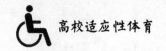

去追赶和超越才是正确的选择。

这次取名《高校适应性体育》，就是立足于体育特殊教学实际，因为在实际体育特殊教学过程中，我个人认为最缺乏的就是具体的教学理论、教学内容、教学方法、教学手段，这也导致在实际体育特殊教学中缺乏针对性、有效性，达不到教学目标及目的的同时，也衍生出许多问题，譬如特殊教育理念无法落实、体育特殊教育得不到更多师生认可、教学流于形式，等等。因此，这本书作为《体育特殊教育》的姊妹篇，在理论方面，将直接面向实际教学，力求为实际教学提供科学严谨的理论支撑；在实践方面，为教学内容的选择、教学方法、手段的应用、教学组织实施、教学场地等方面提供具体的操作，能够在实际教学中直接得以应用。但我并不想把这本书写成单一的教材，而是希望以教学实践为主体，综合地去探讨体育特殊教学，并分析和研究与之相关的一些问题，并将体育特殊教育理念融入到实际的教学中去，同时希望通过体育特殊教学这一途径，提升高校对于体育特殊教育的理解和认可，推动整个体育特殊教育在高校乃至社会的发展。因为我始终认为，体育特殊教学是一个综合的教育过程，它面向的不仅仅是特殊群体学生，而是面向全体师生，以及由高校向社会辐射出的影响和教育。它不仅仅是高校教育理念的实施，也是整个社会价值观的浓缩和体现，体育特殊教育更像一面镜子，折射出我们社会对于特殊群体的理解和认识。

我依然借用"一个社会对于细节的关注，反映一个社会的文明程度"这句话，来说明体育特殊教育的意义及必要性，我衷心地希望有一天，特殊群体不再"特殊"，因为那时他们能够被真正地理解和认识，他们能够像普通人一样进行学习、工作、生活和娱乐，没有所谓的照顾和怜悯，也没有歧视和障碍，有的只是人和人之间正常存在的差异，就如身高和性格。特殊群体及其家庭能够享受一份平静和幸福，我想这才是特殊教育最终的目标和目的。

最后，我想说体育特殊教育的突破和发展需要不同领域的同仁共同努力，个人努力是势单力薄的，感谢所有为此而不停奋斗的人们。

目 录
Contents

上篇　高校适应性体育理论研究

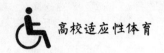

下篇　高校适应性体育实践指导

[上　篇]

高校适应性体育理论研究

第一章

高校体育特殊教育与适应性体育

第一节　高校体育特殊教育与体育特殊教学

一、高校体育特殊教育的功能及意义

（一）高校体育特殊教育是教育体系的重要组成

从中国体育的发展历程可以看出,体育是伴随着新中国的成长逐渐发展和完善的,其在整个社会文化、政治、教育、经济等领域的作用已经不容忽视。但体育的功能和价值也随着社会的发展逐渐发生着变化。新中国成立初期,由于特殊的历史年代及当时中国所处的特定的国际环境,需要体育在提升国家地位及民族凝聚力方面发挥重要的作用和功能。于是竞技体育当仁不让地肩负起历史的责任和使命,通过一系列的举措,中国只用了短短几十年就完成了从奥运金牌零的突破到进入体育第一军团的飞跃,中国也从体育弱国成为体育大国。可以看出,体育的发展不仅提升了中国的国际地位,让世界重新认识了一个崛起的中国,同时也极大地增强了民族凝聚力,推动了整个社会在政治、经济、文化、教育等领域的发展。但我们需要看到,我们只是体育大国,还不是体育强国。

一是竞技体育的发展一直处于强势地位,虽然带动了学校体育和大众体育的发展,但目前的发展模式已经限制了竞技体育、学校体育及大众体育

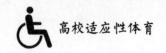

的协调发展和整体发展。竞技体育需要变革,学校体育、大众体育也需要变革和发展。

二是体育整体地位需要提升,细节需要关注。由于历史发展的主客观原因,体育从国家层面越来越被重视,但在实际操作层面却难以得到落实和贯彻,这也是导致目前学生体质逐年下降、学校体育教育得不到真正重视、大众体育不能良好开展的原因。

在这种背景下,对于残疾人体育、体育特殊教育的理解和重视就面临着同样的问题。目前国家出台了一系列政策和法律法规,确保残疾人各方面的权益得到真正的保障,但在具体实施时,还是会遇到许多问题,最主要的问题就是对特殊教育的理解和认识,特别是对残疾人体育、体育特殊教育的理解和认识。因此,要想成为一个体育强国,要求体育综合实力的全面发展和提升,特别是对于细节的关注,体育特殊教育就是其中的重要部分。单一的金牌已经不能体现一个国家的体育实力,也不符合我国目前整体发展的需求。

要想提升全民对于特殊教育及体育特殊教育的认识,显然教育就是根本。而高校在社会发展中所肩负的责任和义务,以及其特有的人力、物力资源优势,得天独厚的影响力都使其成为体育特殊教育开展、实施和发展的重要平台。体育虽然在发展中还面临着种种问题和困境,但在全社会的渗透力是不争的事实,体育与人们的生活、学习、工作联系得越来越紧密。因此,借助高校这一平台,利用体育自身的特点和优势,高校体育特殊教育就成为教育体系和体育体系的重要组成部分,当然也是特殊教育体系的重要组成和重要推动力。

(二)高校体育特殊教育的意义和价值

从上述简析可知,高校体育特殊教育并不是孤立存在和发展的,也不可能独立于教育和体育之外而单独生存,它处于教育、体育、特殊教育这些宏观、中观、微观体系之中,是整个网络体系的一个结点,也具备牵一发而动全身的作用,因此具有特定的意义和价值。

1. 高校体育特殊教育是公民权利义务及教育公平的体现

在分析这个问题之前,首先说明一下为什么叫"体育特殊教育"而不是"残疾人体育教育",这有两方面的原因,后面会就此问题进行分析,因此在这简单进行说明。一是基于国际统一认知,对于"残疾"这一具有歧视与偏颇色彩的叫法,很多国家都采用了更为合理的称谓。而采用"特殊"一词进行替代,既是基于对残疾群体的尊重,也是从另一视角对残疾群体进行更为科学客观的判断。二是高校体育特殊教育的对象是相对更加复杂的,除了残疾学生外,还包括体弱、病、肥胖的学生。因此,如果用"残疾"一词概之,显然也是不合理的,用"特殊"则更为合理。所以,本书后续内容中除非需要特别指定,均用"特殊"或"特殊群体"一词。

特殊群体作为社会一员,就被赋予了其应有的权利和义务,我们应该用尊重的、平等的眼光看待他们。一方面他们享受了社会赋予他们的权利,同时他们也借助自己的力量服务于社会,履行着自己的义务。而教育公平是他们实现这一目标的重要保障,只有教育公平,他们才能接受正规的体育特殊教育,在更好地理解自己、理解社会的同时,学会和得到必要的健身、康复的方法和知识,并且培养自信、积极向上的品质,能够更好地融入社会,参与到正常的社会活动中去,更好地履行自己的权利和义务。因此,高校体育特殊教育的有效实施不仅是特殊群体教育公平及公民权利和义务的体现,也是他们获得自身健康、自我发展及为社会服务的平台和保障,通过高校体育特殊教育,他们不仅收获了身体的康复和健康,在心理上也能获得更高的认同感,能够更有助于他们向社会人的转变,同时也能获得更多的支持和理解。

2. 高校体育特殊教育是公民教育的重要途径和平台

当我们说到高校体育特殊教育时,往往想到的是一小部分群体,或者是单一的体育教学,其实这是很大的误解。如果说高校体育特殊教学面向的主体主要是特殊群体学生,那么高校体育特殊教育面向的不仅是特殊群体学生,而是全体师生,甚至是学校之外的更广泛的群体。这是社会赋予高校

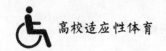

的责任和义务,因此,高校体育特殊教育其实承担的不仅是如何为社会培养合格公民和有用之才的责任,也有为社会服务、推动社会发展的义务。公民教育就是其中之一。

公民教育的一个重要内容就是要让所有公民意识到,公民在社会地位上一律平等,享有平等权利。同时,通过公民教育拥有正确的价值判断、伦理道德,树立符合社会规范和国家发展要求的价值观、人生观和世界观。而高校体育特殊教育就是从体育这一层面,通过不同形式的体育教育,加强不同群体间相互的交流,加深相互间的理解和信任,提升全体师生乃至社会整体对于特殊群体的认识和理解,真正懂得人人平等的内涵。而另一方面,则是增强特殊群体自身的公民意识,加强自己的权利和义务教育。通过体育特殊教育让特殊群体明白,自己不仅能够参与体育,享受体育,借助体育改变自己,也能成为推动体育、促进体育发展的力量。

正是通过高校体育特殊教育这一平台将学校、特殊群体、普通群体及社会有机联系在一起,借助体育的功能和作用将公民教育贯穿其中,从体育这一层面让特殊群体学生在身、心及社会适应等方面获得必要的提升和发展,继而推动特殊教育及体育的整体发展。

3. 高校体育特殊教育是残疾人体育发展的重要基石及组成

我们一直在提倡和推进"体教结合""体教融合",但针对这一问题进行讨论、研究和分析时,很少有人会将残疾人体育纳入其中,这也说明对于这一问题还缺乏足够的理解和重视,这也更加说明高校体育特殊教育发展迫在眉睫。

随着国家对于残疾人教育越来越重视,相关力度也逐渐加强,残疾学生进入高校的比例也逐年增加,虽然同我国残疾人基数相比还有很大的提升空间,但应该看到整体趋势是好的。在这种背景下,高校体育特殊教育应该抓住机遇,大力吸收和接纳符合要求的残疾学生及有体育特长的残疾学生进入高校学习,并提供相应的支持和保障。通过高校体育特殊教育,一方面可以挖掘和培养残疾人体育人才,为残疾人体育提供后备力量;另一方面,也可以为残疾人运动员提供深造机会,提升残疾人运动员整体素质,推进残疾人体育向更高层次发展。同时,借助高校得天独厚的物质资源和人力资源,在完成正常教学的同时,也为残疾人体育训练、科学研究提供支撑。此外,依托高校整体平台,通过高校体育特殊教育,加强与残疾人体育的联系,相互交流,相互促进,在推动残疾人体育发展的同时,也能更好地提升体育特殊教学的质量。

在当今信息网络时代,高校体育特殊教育本身就是一个开放的系统,体育特殊教学只是它的一个部分,无论是特殊群体的体育教育,还是残疾人体育,应在人才培养、输送,资源共享,师资培养等诸多方面建立广泛而深入的联系,以期达到协同促进,整体发展。

4. 高校体育特殊教育是"健康中国""全民健身""终身体育"全面实施的保障之一

高校一直以它先进的理念、开放的胸怀、领先的科技、众多的人才、多彩的人文成为社会发展的推动力和内驱力。因此,高校体育特殊教育也应该走在最前沿,引领社会的进步。为什么说高校体育特殊教育是"健康中国""全民健身""终身体育"实施的保障之一呢?

第一,没有特殊群体参与的体育是不完整的体育。

"健康中国""全民健身"面向的是全体公民,让每位公民拥有健康的身体,让每位公民都能参与体育健身,都能从中受益,创造一个健康向上、充满活力的社会是我们追求的目标。

高校体育特殊教育正是承担了这样的责任和义务:首先,可以通过高校体育特殊教育让特殊群体学生有机会认识自己、了解体育、喜爱体育、参与体育;其次,当他们离开学校走向社会后,他们将成为宣传和带动更多特殊群体参与体育、享受体育,获取健康生活的引领者和推动力,让更多的特殊群体参与到体育之中,提升生活的品质,这些都是"健康中国""全民健身"全面实施的保障。

第二,增强意识,培养"终身体育"习惯。

高校体育特殊教育重要的作用之一,就是提升特殊群体学生对于自己、对于体育的认识,充分认识体育对于自己在身体、心理健康及社会适应等方

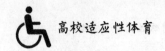

面的实际作用。通过体育参与、体育教学,掌握适合自己的科学锻炼方法、体育知识及多样化的参与途径,在学习和参与过程中培养他们对于体育的兴趣,让他们真正理解体育,热爱体育,变被动的学习为主动的学习,逐渐增强学习、锻炼和参与的意识,并养成自我锻炼的习惯,为"终身体育"奠定心理和生理基础。

二、体育特殊教学的目标及作用

如果高校体育特殊教育是宏观的,那么体育特殊教学就是具体的,其具体的目标及作用如下:

1. 开设适合特殊群体学生参与的体育项目及内容

由于特殊群体学生的特殊性,因此,开设有针对性的、适合特殊群体学生学习和参与的体育项目是非常重要的。项目设置必须考虑特殊群体学生的个体差异和生理、心理的特殊情况,满足学生参与、学习的需要。同时,当一些特殊群体学生可能由于身体原因无法主动参与体育学习时,还需要设置相应的体育学习内容,比如体育欣赏等视频、音频、图书等学习内容,让他们同样能够接触体育、认识体育、喜欢体育。在此基础上,结合一些专业教学练习和志愿帮助,让他们感受体育带给他们的快乐。

2. 学习锻炼的技能和知识

由于特殊群体学生自身的限制,在他们参与锻炼时需要考虑更多因素,比如安全、场地、器材、辅助设施等,他们锻炼时面临的困难也就更多。因此,通过体育特殊教学,让特殊群体学生掌握适合自己的锻炼方法、方式、手段、途径以及如何获得必要的帮助就非常重要了。

3. 科学康复,构建积极生活方式

高校体育特殊教学对特殊群体学生的影响是多方面的,除了上述功能和作用外,由于特殊群体学生的特殊性,在体育学习的同时帮助特殊群体学

8

生积极进行体育康复训练,并学习体育康复的知识和方法,培养科学康复及自我康复的意识也是非常重要的任务。

　　通过科学的治疗,结合体育康复训练,使身体机能及病情得到提升和缓解的同时,也让特殊群体能够更勇敢地面对自己的生存状态,更加自信和乐观,从而构建积极的生活方式,无论是在学校学习,还是以后走向社会,都能从容应对,健康生活。

三、高校体育特殊教育与体育特殊教学的关系界定

　　从图1可以看出,高校体育特殊教育只是体育特殊教育的一个组成部分,而体育特殊教育从中观层面隶属于特殊教育和体育教育,从宏观层面又隶属于大教育、大体育。从广义上讲,教育是指增进人们的知识技能,影响人们思想观念的一切社会活动。由此可见,高校体育特殊教育相对体育特殊教学在外延和内涵方面都要更广泛而深远,高校体育特殊教育在面向的对象,涉及的教育方式、方法、途径等方面更多样和宽泛,涉及的部门及联系的领域也更加复杂,高校体育特殊教育不是某一个部门的责任,而是多部门、多领域协作的结果。

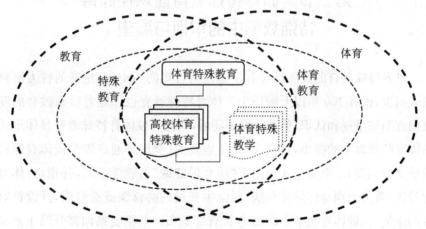

图1　高校体育特殊教育与体育特殊教学关系框架图

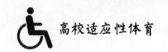

体育特殊教学,从广义上讲也是一个教育过程,是高校体育特殊教育实施过程中的一部分,是教育者根据一定的社会要求和受教育者的发展需要,有目的、有计划、有组织地对受教育者施加身心影响,以培养一定社会需要的人的活动。正因为是一个教育过程,所以体育特殊教学不能仅仅满足于学生单一的体育技术或技能的学习,而是通过科学合理的体育特殊教学设计和实施,在教学、康复、支援等方面给予特殊群体学生身、心的全面支持和关怀。在这一过程中,特殊群体学生得到的不仅是学会了适合自己的体育技术和技能,也学会了康复的方法和手段,同时学会了与他人的协作和交流,帮助他人并寻求合理的帮助,懂得感恩并回报社会。同时也通过体育特殊教学的实施带动学校整体特殊教育的宣传和实施,从而营造一个尊重、理解、全面支援的学校氛围,达到特殊教育的目的。

狭义的体育特殊教学则是指具体的教学操作,比如教学内容、教学方法、教学手段、教学方式、教学评价、康复方法和手段等。这些对体育特殊教学具有直接的指导意义,是教学中直接面对的问题。本书即以此为重点,针对具体的教学展开研究,力求为教学实践提供直接的帮助。

第二节　体育特殊教育理念在体育特殊教学中的审视与展望

世界特殊教育的发展已经有了超过两百年的历史,自比奈的智力测验量表问世,也有100年以上的历史。体育特殊教育也伴随着特殊教育的发展而逐渐被重视和认识,但总体发展滞后,作为高校体育特殊教育具体形式的体育特殊教学的提出,是在1992年颁发的《全国普通高等学校体育课程教学指导纲要》。纲要正式提出了"体育保健课"的教学形式,并指出:体育保健课,系为个别身体异常和病、弱学生开设的必修课或选修课,开设针对性的康复、保健体育教学。2002年教育部颁布的新纲要第四部分第十条又明确规定:对部分身体异常和病、残、弱及个别高龄等特殊群体学生,开设以康复、保健为主的体育课程。目前,体育保健课是高校体育特殊教育和体育特殊教学的主要途径和形式。但实际发展却不尽人意，主要问题体现在两个方面：一是对于特殊教育理念的理解和认识；二是特殊教育理念的贯彻及体育特殊教学的具体实施。

说到特殊教育理念，必须提到萨拉曼卡宣言。1994年的萨拉曼卡宣言，提出了用"全纳教育""特殊教育需要""特殊需要教育"代替传统特殊教育的理念。宣言的核心内容：学校教育应该具有包容性，只有具有包容的教育理念才能战胜歧视和偏见，让所有的人都能接受教育，从而构筑一个包容的社会，提供面向所有孩子的教育，提高整个教育系统的效率。经过几十年的发展，全纳教育理念已经在特殊教育领域得到了尝试和发展，其内涵、外延及表现形式也在不断调整和完善。

对于体育特殊教育而言，我们要真正理解全纳教育的含义，以便在实际操作时做出正确的选择。

首先，目前体育特殊教育的隔离现象还是比较严重。大部分高校的体育保健课是单独编班、独立授课的，从全纳教育理念出发，我们希望特殊群体学生能够和普通学生一起进行体育学习，创造相互交流、协作、互助的平台和环境，但实际操作时，可能会因为主客观等多种原因，导致在现阶段无法做到完全的融合。因此，这种授课形式不能说不正确或不合适，但关键的就是整个授课体制的构成和实施依然存在明显的孤立和隔离现象，也就是高校只提供给特殊群体学生单一的体育学习机会，但在这之外，我们没有按照全纳教育理念去构建一个能够让特殊群体学生无障碍参与体育、参与锻炼、参与康复的平台和环境。体育课的结束，也就意味着特殊群体与体育的中断，他们既没有再次参与体育的机会，也没有借助体育建立更广泛交流的机会。因此，仅仅以一堂单一的体育课就代替体育特殊教育的做法显然是不合适的，也就是说，很多高校对于全纳教育目前还存在认识不足或不够重视的问题。

其次，利用随班就读代替全纳教育，曲解了全纳教育的概念，以为全纳就是全部纳入，因此采用简单的随班就读，让特殊群体学生与普通学生一起上课就认为是全纳教育了，其实这也是对随班就读的误解。这种方式在实际体育教学中，既没有考虑特殊群体学生的真实需求，也忽

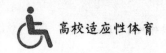

视了普通学生的实际情况,针对特殊群体学生采用相同内容,降低标准,甚至采用相同标准、不同评分办法等方式进行简单区分。这种形式上的简单"结合",似乎让特殊群体学生与普通学生之间有了交流的机会,但在实际教学中很难建立平等的交流,特殊群体学生被"特殊照顾",往往会更加自卑和抵触,而普通学生也很难真正认识和理解特殊群体学生,在特殊照顾背后反而会给他们贴上弱势群体的标签,而这也会加深两者间的隔阂。

最后,一些高校也努力将全纳教育理念贯彻到体育特殊教育及教学之中,也进行了不断的尝试,但对于全纳教育的理解还有待进一步完善。

一是对于全纳教育对象的认识还仅仅局限于残疾群体,认为这只是残疾人的事,和普通群体无关。其实全纳教育与全民教育宗旨一致,就是要保障所有学习者受教育的权利不会因为个人的特点与障碍而被剥夺,其最终目的在于建立一个更加公正的社会。提出全纳教育是因为历史上的教育体制不能公正对待某些群体,不予接纳或拒之门外。因此,全纳教育其实针对的是所有学生,因为每个学生都有各自的特点,特殊群体学生的"特殊"也是特点之一,全纳的最终目的是接收所有学生一起学习,针对学生的特点制定有效的教学方法,让所有学生都从教育中受益。而从高校体育特殊教育的对象来看,除了残疾学生外,还包括病、弱及肥胖的学生,因此全纳教育的对象本身也具有宽泛性。因此,在体育特殊教育的实施过程中,我们应以特殊群体学生作为重点,但面向的是全体学生。

二是全纳教育不是只针对特殊群体学生的单向过程,而是一个针对多个群体的多向教育过程。也就是说体育特殊教育及体育特殊教学要做到公正、公平,需要建立一个多向的联系通道,而不是单一指向特殊群体学生的,这不仅是特殊群体学生的需要,也是全体学生的需要。通过多向的联系通道,建立起特殊群体学生与普通学生、教师、家族、学校及社会的联系,构筑相互理解、相互支援、相互协作的网络关系,做到真正意义上的融合,最终才能达到全纳教育的目的。

三是从全纳教育向全纳体育转变。这种转变不仅是理念上的转变,也是整个体育特殊教育体系的转变和构建。既然是全纳体育,单一的体育特殊教学是不可能胜任这一任务的，它一定是一个集教学、锻炼、参与、支援、康复于一体的多部门、多组织、多系统相互配合、相互协作的教育体系。正是有了这一完整的教育体系作为支撑，才能建立起上述所说的多向联系通道，才可能做到根据全体学生的不同情况及特点合理安排体育教学、锻炼、康复及参与，才能做到学生身心及社会适应能力的全面发展。

而《关于功能、残疾和健康的国际分类》(*International Classification of Functioning, Disability and Health*，ICF)也为上述分析提供了一定的依据和帮助。有一种广泛的误解是 ICF 仅仅只与残疾人有关，事实上，它与所有人相关。健康以及所有与健康有关的状况均可用 ICF 进行描述。

ICF 运用一种新的视野分析健康和残疾问题，人类都要经历健康失调，因此也可能有某种程度的残疾。残疾并不是少数人拥有的人类属性，ICF 理论认为残疾是一种主流的经历，是人类共同的经历。针对所有的健康状态，可以运用健康和残疾通用的标准进行比较，从强调病因到强调疾病所产生的影响。

ICF 作为新世纪提出的残疾分类系统，建立了一种残疾人的社会模式，从残疾人融入社会的角度出发，将残疾人作为一种社会性问题来考察，指出残疾不再仅仅是个人特征，而是由社会环境形成的一种复合状态。因此，它对残疾问题的应对方法是强调社会集体行动，改造环境以使残疾人充分参与社会生活的各个方面。

按照 ICF 的解释，在图 2 中，个体在特定领域的功能是健康状况和背景性因素(即环境和个人因素)间交互作用和复杂联系的结果，干预一个方面可能导致一个或多个方面的改变。这种交互作用是独特的，常常彼此间不是一种一对一的可预测关系。这种交互作用是双向的，残疾的存在可能改变健康状况本身。从一种损伤或多种损伤可以推断能力受限，如此推断活动表现的受限也是合理的。然而，重要的是要独立地收集这些结构上的数据并解释其间的关系和因果联系。如果要说明整体的健康经历，则所有的构成成分都是有用的。如某人可能：有损伤而没有能力受限、有活动和能力受限但没有显著的损伤、有活动表现问题但没有损伤或能力受限、有无辅助

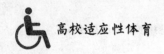

的情况下有能力受限，但在现实环境中没有活动表现问题、经历某种程度的反向影响。

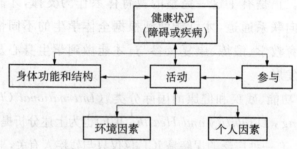

图2　ICF成分间的交互作用模式

ICF提出了互动的概念，就是ICF的组成部分之间是相互影响的。例如，一名使用轮椅的学生，如果在学校学习、生活及运动设施等方面都已经做到无障碍化，他所处环境给予他一定支援，经过训练和适应，他能够独立自主地完成学习、生活和锻炼，那么对他体育参与评价应该是轻度功能需求。但如果没有无障碍化支持，很多体育场馆和设施他都无法正常通行和使用，不能独立自主地完成学习、生活和锻炼，那么按照ICF观点来看，他就是重度功能需求。

ICF是一种分类标准，但也融合了重要的理念，而这些理念与体育特殊教育是不谋而合的，正是全纳教育及全纳体育所需表达和实现的，ICF告诉我们对残疾的理解是多面向的，不是单一面向的、是针对所有人的，不是少数人的、是环境脉络的，不是个人唯一的、是整合的，不是单一医学的、是互动的，不是直线进程的、是病因中立的，不是病因出发的，这对于全面认识体育特殊教育中的残、病、弱，明确体育特殊教育方向，理解体育特殊教育的本质和内涵具有重要意义。

以上分析，给我们的启示：

首先，我们应该正视体育特殊教育及体育特殊教学，而这需要科学、前沿的特殊教育理念作为支撑，才能引领体育特殊教育及特殊教学朝正确的方向发展。我们目前在发展中所存在的问题，正是对于特殊教育理念没有充分认识和理解，因此造成片面地看待体育特殊教育，在实际操作中常常将体育特殊教学孤立起来,这也直接导致在体育特殊教学实际的规划、设计、内容选择、实施中不能全面考虑特殊群体的实际情况,仅仅考虑特殊群体生理上的需求,而忽视了体育特殊教学之外的教育和学习。而这种教学设计又常常因为忽视了特殊群体的身、心、社会适应等的全面协调,且具体的教学设计和实施也往往不能真正满足特殊群体学生的需求,所以达不到特殊教学及特殊教育的目标和目的。因此,我们必须根据体育自身的规律和教学的特点,重新审视特殊教育理念在体育中的内涵,而不是一味地照搬别人的模式。对于全纳教育的重新审视及对 ICF 的理解正是帮助我们更好地认清自己,找准现在需要解决的矛盾和问题,规划未来的发展方向。

基于上述分析,高校体育特殊教育及教学必须要有自己特色,符合自身及特殊群体的特点和规律,满足特殊群体在身、心以及社会适应方面的追求,同时推进体育特殊教育乃至特殊教育的整体发展。先进的理念最终需要通过具体的实践进行贯彻和落实,因此,适应性体育的出现也就在情理之中了,按照前面所述,适应性体育不仅要考虑特殊群体在健身、康复等方面的实际需求,同时要摆脱体育特殊教学缺乏针对性及孤立发展的弊端,在教学内、教学外构建一个有利于特殊群体学生身心全面发展、有利于促进康复、有利于积极参与、有利于扩大交流的良好教学环境和氛围。也就是说,在适应性体育实施过程中,我们考虑的不仅仅是教学本身,而是由此而产生的辐射效应。教学不仅立足于当前,也是基于特殊群体学生未来发展的。

第三节　高校体育特殊教学的概念

要界定高校体育特殊教学的概念,就要明确体育特殊教学的对象、目的和任务。

高校体育特殊教学的对象主要指的是伤病、残、弱不能参加普通体育教学或不能胜任普通体育教学任务的特殊群体学生。伤病是指因身体受伤,比如骨折、肌肉拉伤等造成的阶段性运动受限,或生理方面存在缺陷和问题,比如先天性心脏病、癫痫、气胸等导致不适于参加普通体育教学的学生。

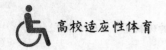

残主要指符合中国残疾人残疾分类和分级标准,不能或不适于参加普通体育教学的学生。弱主要指肥胖等体质原因导致的运动参与受限的学生。我们可以看到,高校体育特殊教学的对象并不是只针对残疾学生,而是更加宽泛,当然普通高校残疾学生数量偏少,也需要引起我们高度的重视。由于目前在残疾人教育及高校在招生及软硬件方面的主客观原因,残疾学生在高校的数量还有待提高。目前国家在政策层面已经给予了高度的重视,但在实际贯彻和操作时往往不尽人意。残疾学生进入高校后在学习和生活方面常常缺乏配套的支撑和服务,学习和生活受到限制,从而产生很多问题和矛盾。体育特殊教学就是其中一个环节,从体育教育的角度,我们有责任保证这一环节不能缺失,从长远来看,残疾学生应该成为体育特殊教学的重要对象,而现在的体育特殊教学必须为将来迎接更大的挑战奠定基础和条件。

高校体育特殊教学的目的主要是:

第一,提供特殊群体学生体育学习的平台。这个自不必多说,通过平台提供相应的软硬件支持,从而使他们能够胜任和参与相应的体育活动,获得交流和展示的机会,同时能真正理解和认识体育对于自己的帮助和作用。更重要的是培养他们自觉参与体育的意识,并通过体育增强自己健康水平的同时,提升自己的生活品质。

第二,设计合理的体育教学内容让特殊群体学生参与和尝试。现在有一个误区,就是体育特殊教学还是把特殊群体学生掌握一个体育项目或技能作为教学的唯一目的。学习并掌握一个运动项目或技能是有必要的,但由于特殊群体学生的个体差异,如果将这作为唯一的教学目的时就会出现问题。因为对于大部分特殊群体学生而言,如果将这作为唯一的目的,可能就会因为学生身体原因,仅仅限制在单一的体育活动之中,没有机会参与和尝试其他体育活动,对于最大化地发现他们自身的运动能力和运动兴趣是极为不利的,对于了解什么运动项目或体育活动有利于他们的康复也是不利的。因此,体育特殊教学就应该针对特殊群体学生设计有针对性的、个性化的、多样选择的教学内容。

第三,体育特殊教学要有利于促进特殊群体学生的身心康复。虽然体育特殊教学内容不能替代具体的康复,但设计体育特殊教学内容时必须要考虑特殊群体学生的康复需要,即要让特殊群体学生有参与体育的机会,也有得到康复的可能。如果不考虑学生的康复需要,那么设计的教学内容很可能参与不了,或可以参与却可能造成隐形伤害或二次伤害,不仅影响了正常学习,也对健康带来负面影响。因此,体育特殊教学内容在设计时,要考虑在满足特殊群体学生参与需求的同时,有利于促进学生身心的康复或提升。

对应于体育特殊教学的目的,其任务主要是:

第一,通过体育特殊教学帮助特殊群体学生建立起多向的交流渠道、交流机会,能够有参与体育的机会并展示自己,能够借助体育学习更好地适应高校学习和生活,并促进特殊群体学生身心全面、健康发展,适应未来生活的挑战。

第二,通过体育特殊教学能够找到适合自己锻炼的体育项目或活动,并能在参与和学习过程中促进自己的康复或提升自己的健康水平,并养成体育锻炼或康复的意识和习惯,为终身体育打下基础。

通过上述分析,高校体育特殊教学的概念在此定义:高校体育特殊教学就是针对特殊群体学生实际专门设计的,适合特殊群体学生参与学习,有利于促进其健康水平、身心康复、社会适应并能终身受用的一系列体育活动。

第四节　高校体育特殊教学与适应性体育

通过前面的分析,就是要明确几个问题:

一是高校在进行体育特殊教育和体育特殊教学时,应该用全新的理念及全球化的视野去审视我们的教育,紧跟国际及国内的发展趋势,如果不能做到软硬件的同步,最少要做到理念的实时更新。没有这样的全局观和视野就可能导致事倍功半的局面,甚至会影响到体育特殊教育的正常发展,而我们目前的确面临着这样的问题。

二是高校体育特殊教学必须要有针对性,必须适应特殊群体学生的身心发展需求。当我们了解了高校体育特殊教育与体育特殊教学的关系,理

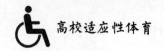

解了特殊教育理念的本质和含义，也清楚了体育特殊教学的概念、目的和任务时，最终发现我们还需要一个具体的对策来进行实践，以达成上述目标的实现，这时适应性体育自然而然地跃入我们的视野。

对于适应性体育的概念，有学者提出"适应性体育是指根据个体身体和运动的特殊需要而进行适应性调整的体育活动"。也有学者提出"适应性体育运动指的是为了满足残疾人的需要而修改或发明的体育运动"。本书不想过多纠结于概念本身，而是想更好地借用适应性体育的内涵，基于对于特殊教育理念的理解和认识，基于目前国内、国际特殊教育的发展状况，基于体育特殊教育的特点，结合高校体育特殊教育及教学实际，着眼于实践层面的研究，针对目前体育特殊教学中存在的实际问题和矛盾，提出具体的操作方法、操作策略。

第二章

高校适应性体育的认识与阐释

第一节　高校适应性体育提出的背景分析

1952 年美国就提出了适应性体育(adapted physical activity)的概念，并将其定义：针对无法安全或成功参与普通体育教育课程的学生的兴趣、能力和局限而设计改编的多样化计划。其内容是非限制性的、发展性的游戏、运动和韵律活动。随后世界范围的研究逐渐展开，七十年代在北美、欧洲达到一个高峰，涉及领域也比较宽泛，许多优秀的研究为适应性体育的发展提供了有力的依据和支撑。但根据相关文献资料和笔者的调查，目前国内高校适应性体育的发展还是处于起步阶段，虽然有部分学者进行了这方面的研究，也取得了一定的成果，但实际的推广和应用并不理想。

而高校适应性体育目前受到内、外环境的推动，其发展也更加迫切。

一、外部环境的影响

外部环境的影响包括三个方面：一是国际层面，二是国家层面，三是社会层面。

(一) 国际层面的深入开展与实践

目前发达国家在特殊教育理念的宣传、普及和具体落实方面都达到了

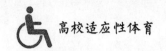

一个相对较高的水平,全社会对于特殊群体的认识和理解也更加充分,对特殊群体有更多的包容和支持,也有更多的人愿意投身到特殊领域,无偿及有偿地从事各种特殊工作和服务,对于特殊群体的支援,达成了全社会的共识。同时,在教育、医疗、法律、志愿者服务、无障碍设施建设、残疾器具开发等相关软、硬件方面更加细化,渗透到特殊领域的许多方面,也就是说在某一方面需要发展时,常常能得到多个方面、多个领域的支持和协作,这些都为适应性体育的开发、实施奠定了一定的基础。现在很多国家,如日本、德国、美国、英国等国家的适应性体育涉及的群众,不仅仅局限于残疾人,而且包括幼儿、女性、高龄者等;涉及领域除了学校,也包括社区、企业、俱乐部、相关机构等,在适应性体育方面积累了比较丰富的经验,对整个社会体育特殊教育、特殊体育,乃至特殊教育的发展都起到了积极的推动作用。

目前中国在政治、经济、教育、文化等领域都在高速发展,很多都站在了世界的前列,在国际社会的地位日益重要,特别是竞技体育的表现尤其突出,奥运会的成绩从第三军团已经跨入第一军团的行列,残奥会、冬奥会取得的成绩也令人振奋,说明我们国家体育的综合实力在逐渐增强。但反观我们的体育特殊教育与竞技体育相比还相对滞后。"体育保健课",自1992年被正式提出后,发展规模非常迅速,大部分高校都开设了体育保健课,有些高校结合自身情况,进行了改革和尝试,有些在名称上也进行了调整,但从总体来看,与整体特殊教育的发展不匹配,特别是针对特殊群体学生所开设的教学内容,缺乏针对性,导致体育保健课流于形式,学生整体满意度比较低,而这正是需要适应性体育去解决的问题。因此,从国家特殊教育整体发展来看,任何一个细节发展的不足,都会影响到国家长远的发展战略,高校体育特殊教育需要跟上世界发展脚步,并体现出自身的特点和价值。

(二)从国家层面来看,从宏观的发展到微观的实际操作,国家给予了越来越多的关注

1988年11月,在北京召开了"全国特殊教育工作会议",这是新中国成立后首次专门研究残疾人教育问题的全国性会议。在此后的数年里,先后制定实施了《中国残疾人事业"八五"计划纲要 1991 年—1995 年》(1991 年)《中国残疾人事业"九五"计划纲要 1996 年—2000 年》(1996 年)《中国残疾人事业"十五"计划纲要 2001 年—2005 年》(2001 年)《中国残疾人事业"十一五"发展纲要 2006 年—2010 年》(2006 年),"十一五"期间,国家修订了《中华人民共和国残疾人保障法》,批准加入了联合国《残疾人权利公约》,完成了一系列重大举措。

2011 年为全面贯彻落实《中共中央国务院关于促进残疾人事业发展的意见》(中发〔2008〕7 号),加快推进残疾人社会保障体系和服务体系建设,进一步改善残疾人状况,促进残疾人平等参与社会生活、共享改革发展成果,依据《中华人民共和国国民经济和社会发展第十二个五年规划纲要》,制定了《中国残疾人事业"十二五"发展纲要》。教育部中国残疾人联合会2015 年 4 月 21 日颁布了《残疾人参加普通高等学校招生全国统一考试管理规定(暂行)》,这是我国第一次从国家层面对残疾人参加普通高考而专门制定的管理规定。

《健康中国 2030 规划纲要》在"促进重点人群体育活动"中明确指出:制定实施⋯⋯残疾人等特殊群体的体质健康干预计划,推动残疾人康复体育和健身体育广泛开展。"十三五"规划纲要在"推进健康中国建设"中指出:实施全民健身战略,实行科学健身指导。中残联在《残疾人文化体育工作"十三五"配套实施方案》也明确指出:残疾人健身要有针对性,要有专门指导。同时也明文规定:残疾人健身示范点建设的标准之一,是"拥有 1 名管理人员和 1 名以上残疾人社会体育指导员"。

从国家出台的一系列政策、法律法规我们可以看出,随着社会的不断发展,国力不断增强,国家也越来越重视国民的健康和生活品质,从"全民健身"到"健康中国 2030",对特殊群体的关注,也越来越注重他们生活的细节,健康干预、健身体育、专业指导、体医融合。这些一方面要保证特殊群体参与体育的需求,促进他们的健康,同时也更加注重通过体育改善他们的生活质量。从以前简单的提供场地、设施,到现在要求有专业指导,并且"对症下药",康复、健身都有了更强的目的性,同时也更强调特殊群体通过参与体

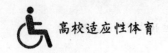

育而达到的幸福感、归属感,这些都体现了社会文明的进步、国家对特殊群体的人文关怀。

现在越来越多的残疾学生进入高校学习。从 1985 年第一所高等院校滨州医学院招收残疾大学生开始,到 2014 年,已有 9.2 万名残疾学生被普通高等院校录取。根据教育部发布的数据,2014 年全国共招收残疾大学生 9 542 人,其中 7 864 名残疾学生被普通高等院校录取。2009 年以来,全国高等院校录取残疾学生数量呈总体上升趋势,2011 年到 2016 年,5 年间就有超过 4.5 万名残疾人进入高校学习。

在这一背景下,高校体育特殊教育及教学必须起到引领作用、示范作用,改变过去只有"教",缺乏"育""授"的一刀切做法。一方面,我们培养的学生将来一定会走向社会,组成家庭,目前的教育不仅会让他们终身受益,同时他们的思维和行为都会影响到自己的家人、朋友、同事及与自己有相同境遇的人,从而起到带动作用,甚至他们可能会参与到志愿者服务或相关工作之中,从而发挥更大的能动性。另一方面,高校的地位及资源优势常常使其成为社会进步的推动力,在师资培养、志愿者培训等方面,不仅可以为社会提供人才支持,同时高校自身的表现也常常起到示范作用,从而从高校内部向外部辐射,产生更加广泛的影响,推动社会体育特殊教育的发展。

(三) 社会层面的要求越来越高

随着社会的发展,对于公民素质的要求也越来越高,健康素质就是其中之一,良好的健康会占用更小的社会资源,这本身就是降低了社会成本,节约了社会资源,同时也是对自己和社会最好的保障。另外,良好的学习、锻炼、康复能力同样会减少家庭、社区、企业、相关部门等在人力、财力等方面的投入,节约社会成本的同时,提高整体社会的运行效率。而作为人才及公民教育的重要基地的高校理应承担起这份责任和义务,要做到这一点,高校学习期间适应性体育的开展显然就十分重要了,在体育特殊教育和教学中应有目的地促进学生的健康,培养他们参与体育、自我锻炼、自我康复的意识和能力,有效适应并融入周围环境。那么有一天,当他们走向社会后,在高校的体育学习将成为他们强有力的支持,他们不仅不会成为社会的负担,还能积极乐观去应对可能出现的困难,发挥自己应有的价值和作用,成为推动社会前进的动力之一。

二、内部环境的要求

内部环境的要求,包括学生层面及教育教学层面。

从学生层面而言,虽然受到主客观因素的影响,学生的锻炼意识和锻炼习惯与发达国家相比还有待提高,但伴随着社会的发展,无论从国家层面还是学校层面,都在努力推进健康社会的发展,健康理念逐渐被广泛认识和接受,学生的健康意识也在不断加强,特别进入高校后,相对中学阶段,在学业压力和时间分配上都有了更大的空间,学生也更愿意尝试新鲜的事物,也开始重新审视自己的健康状况,特别对于特殊群体学生,成绩已经不是衡量的唯一标准,他们需要融入更广泛的大学生活和学习之中,这时体育参与往往是重要的手段。同时,社会对于人才需求的不断提升,对于学生综合能力的要求也不断提高,他们需要在大学期间在各方面充实自己。因此,从自身需求出发,他们对体育课的要求也更高,目标也相对明确,他们希望通过体育特殊教学获得自己所需要的东西,而不是仅仅为了获得学分。

从体育教育教学层面而言,目前承担着艰巨的任务,众所周知,我国学生体质健康水平的现状不容乐观,无论从官方数据,还是我们亲身感受,这已经是不争的现实,作为教育工作者,我们必须正视这一问题,这不仅关系到个体的利益,也关乎整个民族的长远利益。而我们有 8 000 多万的残疾人,进入高校的比例虽然还有待提高,但由于我们的基数太大,整个高校特殊群体的数量已经不能忽视,而他们的健康又关系到无数的家庭,牵扯着社会的神经。因此,无论从小的方面考虑,还是从大的方面审视,高校适应性体育的开展都是迫在眉睫的事情,它着眼于满足个体需求、促进个体发展,进而影响到整个群体的良性走向。

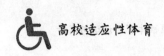

第二节　高校适应性体育的概念

对于适应性体育的概念,国内外很多学者在其专著里都进行了定义和分析,在名称上也有不同,部分学者叫作"适应体育",部分学者叫作"适应性体育",在概念表述上也不尽相同。

有的定义为"适应体育是改善心理动作问题以达成个人成就目标与自我实现,并建立积极、主动、健康的生活状态"。

有的定义为"适应体育是基于促进个体与生态环境的互动,以改善生活质量为目的,以身体、心理、智力发生障碍的人为主体。包括在特定时间内不能分享普通体育活动的社会成员所从事的高度个性化的体育活动和跨学科的知识体系,其实践领域涉及适应体育教育、适应休闲娱乐、适应运动竞赛和适应运动康复"。

还有的定义为"适应体育是指有特殊需要的人为了达到个体与环境的最佳适应状态而进行的身体活动"。

另外还有"适应性体育是个别教育计划,包括满足个体特殊需要的身体素质和运动能力,基本运动技能和运动模式"。

表述的侧重点虽然略有不同,但可以看出,概念所涉及的内涵和本质是基本一致的。本书并不想纠结于概念本身,而是想抓住适应性体育的内涵和本质将其应用于高校体育特殊教育及教学之中,解决目前教学中存在的主要问题和矛盾。因此本书结合高校体育特殊教学的实际,给出操作性的定义。

高校适应性体育是针对特殊群体学生的身体、生理及心理发展实际而设计的,促进其健身、康复和自我锻炼的一系列专门体育活动,并通过活动提升其生活质量,并建立良好的社会适应。

这个定义主要强调三点:

一是专门性。这是适应性体育的核心,必须针对特殊群体学生的个体差异进行适合他们体育活动参与的专门化设计。由于我们目前采用的体育教学内容很多都是从普通学生体育教学内容直接移植过来的降低版或简化版,内容单一,也无法做到专门性。

二是有效性。对于特殊群体学生来说,体育特殊教学还需要有目的性,就是能够在学习和参与的过程中,帮助特殊群体学生进行适当的康复,这是他们健身和锻炼的前提,只是能够参与,但并不能有效解决他们自身面临的问题,也就不可能真正达到健身和锻炼的作用。当然这里的有效性主要指的是有利于特殊群体学生的康复,因为教学毕竟不是康复训练,所以在效果上肯定有所不同,但这点在体育特殊教学设计时必须给予充分考虑。我们目前体育特殊教学普遍存在的问题就是缺乏有效性,特殊群体学生只是进行了体育活动,但既没有针对性,也缺乏有效性,体育教学的意义大打折扣。

三是适应性。这里所说的适应性包括三个方面,即指通过体育特殊教学让特殊群体学生适应自己的身体、适应体育活动的参与、适应与周围人及环境的接触与交流。

第一个适应指的是让特殊群体学生能够真正认可并接受自己的特殊性。很多特殊群体学生会因为自己与普通学生的差异而产生自卑、胆怯等心理,不愿谈及或有意隐瞒,在普通学生不能理解或出于好奇的情况下,还可能出现抵触情绪。因此,通过体育特殊教学,通过体育活动的参与,让他们重新认识自己的身体,在别人不能理解或做出不友善行为的时候,自己能够坦然处之,正确化解。

第二个适应是指能够习惯高校体育特殊教学的方式。特殊群体学生在进入高校前,在体育参与习惯和意识上,与普通学生相比可能会更低,因此参与的积极性和主动性都比较低,一些针对他们所进行的体育教学安排,他们可能不理解、不接受,甚至排斥。比如由于多种原因,他们可能不适应在老师或志愿者帮助下完成相关练习或活动,部分学生可能更习惯独自练习,即使在自己完成不了的情况下也是如此。有的干脆不练习,宁愿做个旁观者。通过体育特殊教学,就是让他们理解体育特殊教学对于他们的意义,能够主动做出调整和改变,积极参与到体育特殊教学之中,并享受这一过程。

第三个适应是指通过体育特殊教学,在自己身体能力提升的同时,增强

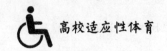

独立学习和生活的能力,更好地适应新的学习和生活环境,并能在体育特殊教学过程中学会与他人的相处,并真正融入大学生活学习之中,淡化自己的特殊性,乃至从心理上"无视"自己的特殊性,能够从容应对周围的人或环境。

第三节　高校适应性体育的再认识及面临的困境

适应性体育的涉及面很广,高校适应性体育只是其中之一,但是它有自己的特点和作用,在此有必要对其进行分析,以便于对今后发展进行精确的定位。

从学生情况来看,由于目前的招生体制及高校本身条件的限制,一部分残疾学生并不能进入普通高校进行学习,如智障学生等。所以目前高校适应性体育对象并不是包括所有残疾分类的学生,因此部分分类,本书将不做分析。但由于特殊群体学生残疾类别各不相同,同时还包括病、弱学生,所以整体也呈现出多样性、复杂性的特点,本书也将对所涉及的主要类别进行分析和探讨。

适应性体育的发展,首先就是要对特殊群体学生的情况进行真实而全面的把握,但从目前高校实际操作来看,主要依据的是学生出具的相关残疾证明或医院病历等,基本只是了解学生的残疾状况或病、弱的大体情况,但具体情况则很难获得。一是体育部门,目前体育特殊教育专门人才及相关设施设备比较缺乏,而且有些必须依靠专业机构才能做出正确的诊断,而非体育部门能够胜任的。二是高校,很少有针对特殊群体学生而专门设置的康复中心,而校医院、心理咨询中心等相关部门也缺少相应的人员和配套,无法做出科学的测定。另外,在协调沟通方面,相关部门间还缺少有效的联络机制,特殊群体学生的相关信息很难做到共享。三是与校外机构,如残联、残疾人服务中心、指定医院等,也缺乏有效的联动机制和协作机制。因此,特殊群体学生进入高校后,他们的检查、评定、监测、康复、治疗、支援等都缺少校内、外一体的网络协作机制,这也就容易造成不能全面了解学生情况,在进行体育特殊教学时存在一定的盲目性,同时也缺少来自其他领域的支持,这也成为适应性体育开展的阻碍。

从软硬件条件看,高校具有一定的优势,首先,目前大部分高校在学习、生活的硬件条件及体育设施的配套上都比较完善,在时间、场地等方面,能提供给特殊群体学生一定的保障,但目前在无障碍设施、设备及针对特殊群体学生的体育场地、设施及器材方面,还存在配套不足或没有配套的问题。

根据 2012 年发布的《无障碍设计规范》(GB 50763—2012),教育建筑均进行无障碍设计,设置相应的无障碍设施。但实施后的结果并不令人满意,因此也因为一些事件引发了很多的争论和关注。比如 2016 年 8 月 1 日,正值我国无障碍环境建设条例实施 4 周年,由于无障碍设施问题给黄文艺和同样身体有残疾的大学生谭义明、谢新慧、邓斌在学习和生活中带来很多的困扰,于是他们给教育部递交了一份政府信息公开申请。在申请中,4 名大学生要求教育部公开三方面内容:2012 年 8 月 1 日至今,教育部为推动普通高等学校无障碍环境建设做了哪些具体工作;教育部直属高校名单及无障碍环境改造状况;教育部对于普通高等学校无障碍环境工作是否制定了规范性法律文件。无独有偶,2017 年考入清华大学的甘肃定西残疾考生魏祥"携母入学"再次引发了一场争论。其实特殊群体学生进入高校后所面临的各种问题已经不是个案,相关事件还有很多。高校在无障碍设施建设及对于特殊群体学生在学习、生活等方面的支援问题似乎也越来越突出。基于此,教育部等七部门联合印发《第二期特殊教育提升计划(2017—2020年)》,其中提出,中国的大学应进行必要的无障碍环境改造,给予残疾学生学业、生活上的支持和帮助。

但就目前而言,在体育特殊教学中所面临的无障碍场馆、场地、相关设施、设备、特殊教学器具、器材等方面的问题可能更加严重,而这些都是适应性体育能否有效实施的关键。在高校特殊教育支援整体提升需要时间的前提下,那么如何利用现有资源进行适当的改造、必要的补充和自我开发,就是高校适应性体育设计中需要考虑的问题。

另外,高校有强大的人才储备,有些高校甚至有相关专业和方向,并配有研究中心或康复室。同时,高校都配备有医院、心理咨询室、学生会、团委

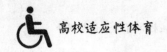

等部门,这些都可以成为适应性体育在康复、心理辅导、志愿者培养等方面的强有力的支持,但如何做到人力资源的共享和互补,推动适应性体育更加科学化的发展,这同样是我们面临的问题。另外就是体育特殊教育专业教师的匮乏,也是适应性体育发展的瓶颈,学生的诊断、适应性体育的实施都需要教师具备专业知识,我们在依托专业院校进行体育特殊教育专业人才培养的同时,更重要的是如何培训在职教师从事并胜任适应性体育的工作和任务。

从学生未来发展来看,进入高校的学生已经是成年人,在身心方面已经相对定型,往往形成了自己的思维方式和处世态度,对待自己的"特殊性"也常常具有惯性思维,特别在进入高校前,大部分学生没有体育锻炼习惯和意识,甚至很少参加体育活动,对体育特殊教育不了解、不理解,也缺乏对适应性体育的认识。因此,在适应性体育实施过程中常常被动接受,甚至抵触。这在具体的教学实践中是普遍存在的问题,需要设计合理的实施方案,引导学生逐渐理解和接受适应性体育,做到主动改变和参与。

另一方面,学生进入高校就面临着独立的生活,以前依靠家庭、父母的情况将发生很大改变,同时,也要面临新的学习环境和即将进入的社会,而能够胜任独立生活的前提,就是要做到身体上的独立,也就是自己能够照顾自己,进行日常学习、生活的起、居、移动等。适应性体育实施的目的之一就是要帮助特殊群体学生解决这方面的难题。

另外,就是通过适应性体育,在提升学生健康水平的同时,设计独立参与或与他人协作的活动场景,帮助特殊群体学生提前适应相应的环境,提高应变能力、协作能力,合理寻求他人帮助的体验。这都有助于他们对于新的学习环境及未来走向社会后的适应能力。

由此可见,高校适应性体育的发展注定不是一帆风顺的,在力求利用现有条件努力寻求变革的同时,也一定要有长远的眼光看待体育特殊教育的发展,体现研究的前瞻性和科学性。

第三章

高校适应性体育实施构想

第一节　高校适应性体育实施的原则

一、正常化原则

　　我是坐轮椅的，所以只说在坐轮椅的情况下：如果别人没有请求要你帮忙，千万不要好心去"帮忙"，虽然你是好心，但是容易办坏事。

　　记得有一次，医院出来有个小上坡，我和我妈一起用力，很轻松就上去了，结果有一个人来帮忙，他只推了一边，轮椅直接歪到旁边到柱子上，撞到腿了。真是不知道怎么说好，毕竟人家也是好心，但我们截瘫病人最怕的就是伤到哪里，因为没有知觉，所以碰到哪里的话，自己感觉不到受伤的疼，又害怕骨折什么的，必须去医院检查，费钱费时间费精力。

　　对我来说，就是一视同仁就好了，如果我真的请求你的帮助了，也希望你在方便的情况下可以帮我一把，真的十分感谢了。

　　我平时出门的话会"享受"很多人的注目礼，也许他们是好奇，或者只是觉得罕见，虽然努力去克服这种心理，觉得看就看有什么大不了的，但其实心里还是不舒服。有一次晚上出去乘凉，碰见一个大妈，一直盯着我看，我走她也走，我停她也停，就是盯着我，后来我实在受不了，就瞪着眼睛和她对看，结果大妈毫不畏惧，无奈只好回家了。还经常碰见热心大妈来问我妈："孩子怎么回事啊？怎么伤的啊？现在怎么样啊？没事一定会好的。"说真

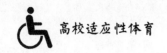

的，真的不想要这种关心，毕竟咱俩都不认识。我是重度脊髓损伤，所以我知道我几乎是没机会站起来了。

总之对残疾人，不要不礼貌地盯着他们看，不要指指点点，窃窃私语，如果他们请你帮忙，能帮就帮，这就够了。①

上面是一位残疾人的自述，从她的自述，我们可以看出，我们大部分人的"善心"或"不友善"的行为，其实是在给对方贴上了"弱势""不正常"的标签下进行的，这种标签后面常常是"他（她）不行""好可怜""怎么那样""好奇怪"等等，我们可以看出，无论我们贴的是何种标签，都是将特殊群体看作"和我们不一样的"，于是出于怜悯就可能伸出援助之手，出于厌恶就会躲避，甚至嘲笑或恶语相加。其实无论哪一种，对特殊群体而言，都是一种无形的伤害，因为这些行为都缺乏真正意义的"尊重"。而下面这条新闻则更加暖心。

香港迪士尼乐园一直深受大小朋友的喜爱，2016年在这里发生一起暖心事件，更是受到不少网友交口称赞。一位日本网友在推特上分享一张照片，是一名患有唐氏症的女孩突然跑到路中央躺下，现场工作人员见状立刻上前，游客原以为是要驱赶这名小女孩，没想到他们是跟着小女孩一起躺在路中间，还对她说"你在看哪里呢？开心吗？"②

很显然这两件事情是有本质区别的，那就是我们应该如何与特殊群体进行交往。"正常化"当然不是简单地把他们当作普通人对待，在他们需要帮助的时候，依然漠不关心，或者根本无视他们的特殊性，不考虑他们对于盲道、轮椅等无障碍设施的需求，造成他们学习、工作和生活无法正常进行。

因此，所谓"正常化"，就是作为一名社会人，每个个体都有自己的特点，而这个特点就是与众不同的地方，比如身高很高的人，在某一方面可能有优越性，但在另一方面可能会给他的生活带来困扰，这就是"特殊"。我们每个人都有这样那样的"特殊性"，只是特殊群体可能更加突出而已，而这常常是

---

① https://www.zhihu.com/question/22065077/answer/20191599
② http://nmgzge.wenming.cn/fgcy/201603/t20160309_2392538.html

因为我们对特殊群体缺乏认识，缺少接触造成的。比如你第一次见姚明可能会惊异于他的身高，但如果他就是邻家大哥哥，你天天都见，你还会惊异吗？因此，"正常化"，首先要提升全社会对于特殊群体的认识，了解他们、接触他们，才能真正理解他们，当他们需要真正帮助时，及时伸出援助之手，就像我们每个人摔倒时，别人及时地拉了一把一样，此时心里应该都是感动，而不会误解为对自己的不尊重。

另外，"正常化"就是指能让特殊群体的学习、生活、工作和普通人一样正常进行，没有壁垒和障碍。美国"全国智力迟钝公民协会"对"正常化"的界定：所谓正常化就是帮助残疾人获得一种尽量接近正常人的生活方式，使他们的日常生活模式及条件尽量与社会中大多数人一样而不是有意地将他们区隔开来。我们应该承认所有人都是有尊严和价值的。

总结"正常化"，就是正常地看待特殊群体，让他们正常地生活、学习和工作。这在体育特殊教学中非常重要，教师或同学不恰当、不专业的过度关心或者冷漠，都会极大地伤害特殊群体学生的自尊心，产生强烈的抵触或自卑心理，从而造成他们自我学习及教学实施的困难。

二、回归社会原则

20世纪中期，社会学家发现长期处于隔离状态治疗的精神病人，其病情非但不会好转，可能还会加重。原因就是长期处于不良的同伴关系及相对冷漠的照顾治疗体制，让他们缺乏交流、产生依赖，逐渐失去适应社会的能力。

特殊群体学生在体育学习中也会面临这一矛盾，虽然我们在提倡和鼓励全纳教育，也有随班就读、差异教学等多种形式，但有时基于他们身体原因，和高校在软硬件方面配套的不足，或教学实际的要求，可能会采用独立编班的形式进行授课，在没有其他形式对教学进行补充时，就可能造成教学上的隔离，而这恰恰是我们体育特殊教学中常常忽视的问题。

我们应该意识到让特殊群体学生回归正常学习体系，其实就是一种回归社会的表现。单独编班不一定就意味着隔离，但如果单独编班变成了一

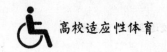

个只有特殊群体学生的封闭系统,没有对内的、对外的交流,那就会出现问题。单独编班也应该是一个开放的系统,在教学中有特殊群体间的交流,也有来自外界的交流,比如志愿者的参与、教学互助等。教学外也有观摩学习、体育参与等进行补充。

当然,最好的方式就是将全纳教育、全纳体育落到实处,做到体育特殊教育与大教育体系的真正融合,使得特殊群体学生能够在正常学习环境中获得学习、生活的体验,建立合理的人际关系。

三、协作化原则

特殊群体的体育教学的实施不是仅靠体育部门就能胜任并完成的,体育部门只是主体,但需要其他相关部门和机构的协同。体育教学中教师和特殊群体学生是主体,但也需要志愿者、其他学生和老师、医生或心理咨询教师的介入才能确保体育特殊教学的顺利进行。

协作包含内、外两方面。对内方面,是体育特殊教学实施中的协作,需要教师与学生、特殊群体学生之间、特殊群体学生与志愿者、特殊群体学生与普通学生的协作,通过相互间的协作、引导、支持,在教师指导协调下,辅助特殊群体学生顺利完成相关体育教学任务。

而特殊群体学生的健康监测、评定、康复、咨询、志愿者培养选派、多媒体、信息共享、场地设施等都需要多个部门的协作和支援,甚至还需要家庭、社会力量等的协作。因此,体育特殊教学的复杂就决定了协作的必要性和重要性。

四、增能赋权原则

不仅在体育方面,特殊群体在很多方面都被视为弱者,因此,他们常常是被动地接受,而不能主动地应对。作为社会的一员,他们也有参与社会、改造社会的权利和义务,让自己和他人的生活更美好。同理在体育参与、锻炼、学习过程中,他们也应该有一定的主动权,应能积极参与到教学的设计和实施之中,并在能力范围内带给自己及他人应有的帮助。

增能是指个人在与他人及环境的积极互动过程中,获得更大的对生活空间的掌控能力和自信心,以及促进环境资源和机会的运用,以进一步帮助个人获得更多能力的过程。

但特殊群体学生在体育特殊教学中常常表现出一种无力感,这种无力感常源于三个方面:

一是特殊群体学生自我负向评价;

二是特殊群体学生以往教学过程中形成的负面经验;

三是教学环境障碍使他们难以有效地在学校及社会中参与体育。

因此,适应性体育的实施就应该着重于增进他们的能力,以对抗来自体育环境、学业环境、生活环境的压力。我们应该认识到:

第一,特殊群体学生体育学习的无力感常源于体育教学环境的不完善;

第二,阻碍特殊群体学生的能力发挥的教学环境障碍是可以改变的;

第三,特殊群体学生的能力可以通过体育教学及社会互动不断地增加;

第四,特殊群体学生是有能力、有价值的;

第五,教育者与特殊群体学生的关系是一种合作性的伙伴关系。

对于特殊群体学生而言,增能其实是一个综合能力提升的过程,通过适应性体育的有效实施,从三个层面提升特殊群体学生的能力:

其一,个人层面:指从主观及客观方面提升特殊群体学生的体育参与及活动能力,从而有能力去影响或解决体育及其他相关问题;

其二,人际层面:指通过适应性体育让特殊群体学生获得与他人合作促成问题解决的经验;

其三,环境层面:指在适应性体育设计和实施时,能够改变那些不利于特殊群体学生实现自助的制度和规则。

赋权其含义非常接近于授权,主要是指让下属获得决策权和行动权。它意味着被赋权的人有很大程度的自主权和独立性。赋权是一种参与的过程,是将决策的责任和资源控制权授予或转移到那些即将受益的人的手中。从广义上来说,赋权是选择和行动自由的扩展。它意味着增加对影响生活的资源和决策的权力和支配能力。当人们真正进行选择时,他们就能增加

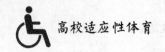

对其生活的支配能力。

因此,适应性体育的实施也要考虑到特殊群体学生的主动性、积极性,赋予他们必要的权利,如选择权、参与权、建议权、决策权等,让适应性体育成为一个双向或多向互动的过程,而不是学生单一被动接受的状态。赋权本身也是对特殊群体学生的一种尊重和信任,学生在获得外界的信任和尊重时,往往能激发出自身的潜力,更加主动地投入到适应性体育学习中,并积极做出改变,这也符合适应性体育开展的初衷。

总之,增能赋权原则的内涵要体现在以下几方面:

一是学生自我发展方面。要清楚地认识到特殊群体学生所具有的运动能量,相信他们能通过学习有关体育技能和知识实现自我发展,减少其在体育学习和参与过程中出现的"无力感"。具有赋权感的特殊群体学生能有效地处理其情绪、技能、知识和资源,从而适应周边的学习和生活环境,并获得自我满足感和加强自尊。

二是学生角色调整方面。赋权增能的过程将提高特殊群体学生角色参与的积极性,提高其对自己特殊身份的理解,以消除角色不认可带来的消极影响。也就是说,对自己角色认识愈清晰,就愈保证他们对自身重要性有更明确的认识,其与社会的关系也更健康。

三是决定和投入方面。在实施"赋权增能"计划时,要为特殊群体学生提供必要的时间和空间。他们的想法与见解应在制订适应性体育时被考虑和采纳。同时有必要为他们提供与其他群体进行交流和学习的机会。

当特殊群体学生感到他们在体育学习中拥有或能够创造机会,认识到适应性体育中蕴涵的东西能提升他们的能力,并自由地做出充分的决定,在此基础上付诸行动并承担行为后果的责任时,他们就"赋权增能"了。

第二节　高校适应性体育设计思路及内容

高校适应性体育的设计思路和内容,如图3所示,主要包括调查、评估、设计、实施、反馈五个部分。

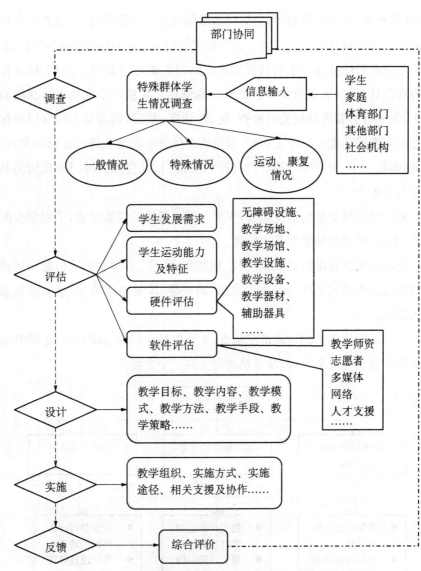

图3　高校适应性体育设计思路及内容框架图

一、调查部分

调查部分的核心内容就是对特殊群体学生的个体情况进行详细的调

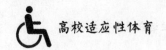

查,获取真实、全面的资料,解决为什么做的问题。前面说过,目前普遍存在的问题就是特殊群体学生的信息获取途径相对单一,且不具体和不全面,不能真实把握特殊群体学生的情况做出有针对性的教学设计。因此,适应性体育在设计时,应该采用多种途径来获取信息。在获得学生基本信息的前提下,如果有必要进行相关的检查、测试、诊断、鉴定,则需要不同部门根据自己的职责或功能进行分工协作,对特殊群体学生的信息进行补充和完善。因此,需要学生、家庭、体育部门、高校相关部门、社会相关部门和机构的共同参与和配合。

对特殊群体学生的情况调查,主要包括一般性的健康检查,了解学生的生长、发育、营养及病史等基本信息。

特殊情况调查则包括残疾或病、弱类别、程度、心理状态等信息。运动康复情况调查则包括体育参与情况、运动兴趣、康复治疗情况、运动康复禁忌等信息。

对特殊群体学生的运动情况调查,主要包括他们的运动经历、运动时的辅助及配套设施设备等,以及运动参与意向三个方面。

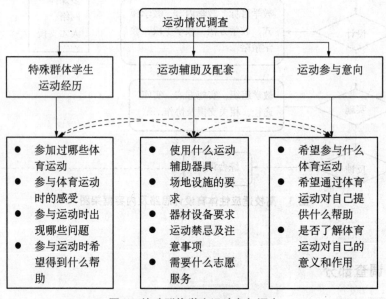

图4 特殊群体学生运动参与调查

　　运动经历调查主要对他们参加过哪些体育运动,参与时的感受,参与过程中出现过哪些问题,需要得到什么帮助才能顺利完成运动参与等进行调查。而特殊群体学生参与时所需要的辅助器具,对于场地设施的要求,哪些运动是有限制的或不能参与的,是否需要别人的协助等都要进行调查。另外,也要对特殊群体学生的参与意向进行调查,了解他们的兴趣及他们参与体育的目的及意愿。同时也要了解特殊群体学生对体育参与的意义和作用是否了解和理解。这对于适应性体育的后续设计都是非常重要的。

　　对特殊群体学生康复信息的调查,主要包括康复基本信息、参考信息、内容信息三个方面。

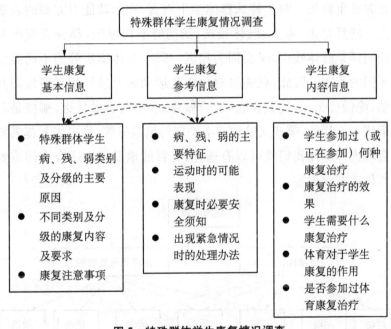

图5　特殊群体学生康复情况调查

　　康复基本信息主要结合特殊情况调查,对特殊群体学生病、残、弱的个体原因、康复的内容及要求、康复时的注意事项进行调查。参考信息则是了解其病、残、弱的主要特征,了解这些特殊性在运动时的可能表现,并了解必要的安全须知及紧急救助的方法。在前面两项基础上,进一步了解学生参加过什么康复治疗,其效果如何,后续还需要什么康复治疗,体育在其中能

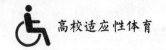

发挥什么作用,以及学生是否参与过体育康复治疗,等等。

二、评估部分(为什么做)

评估部分是解决为什么做的问题,是在对学生基本信息进行详细掌握的情况下,根据学生的具体信息,对学生个体情况进行综合评估、诊断和分析,明确学生的体育锻炼、参与及康复方面的发展需求,根据学生具体的发展需求,对特殊群体学生的运动能力及特征进行评估和必要的测定。

特殊群体学生运动能力的测试和评估对于适应性体育的设计和最终实施是非常重要的。对于特殊群体学生而言,在运动能力方面的表现更加复杂。同样是走,盲人、肢体残疾、受伤等不同原因,都会表现出差异性。而同样是肢体残疾,又会因为程度、部位、个体体质等的不同而呈现截然不同的表现。因此,就需要对他们的运动能力进行相对精确的判断和评估,能做什么,不能做什么,适合做什么,不适合做什么,哪些是有利于其锻炼和康复的,哪些又隐藏着不确定的风险等等,许多因素都需要进行综合考虑。这样我们就可以有选择、有目的地设计出适合个体需要的适应性体育教学内容。

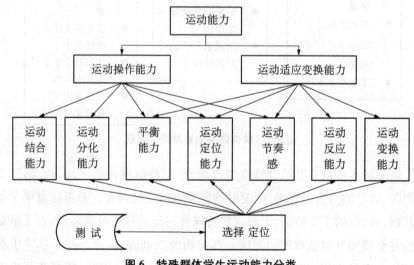

图6　特殊群体学生运动能力分类

硬件评估主要是对特殊群体学生生活、学习及体育教学的无障碍设施、教学场地、教学场馆、相关的设施设备、器材及辅助器具等进行全面评估。某一方面的不足都会影响甚至导致特殊群体学生无法正常参与体育教学，也会影响到他们后续锻炼、参与或康复的积极性。

软件评估要对教学师资、志愿者、相关多媒体网络建设、相关人才支援等进行评估。教学师资是最重要的，是适应性体育的实施主体，教师需要有专业的知识、耐心和爱心及一定的经验才能胜任适应性体育的教学工作。同时，在教学内、教学外可能需要相应的志愿者对特殊群体学生进行帮助，协作他们克服学习初、学习中所面临的困难，帮助他们尽快适应新的学习环境，最终能够独立学习或最大化地减少对外界的依赖。而多媒体及网络建设可以帮助特殊群体学生在上课前、上课后对所学内容进行预习或复习，了解上课的内容，需要注意的事项，在身体和心理两方面都做好准备。其他相关人才支援是指体育部门教师之外，其他部门或机构的人员的支持和帮助。比如学生上完课后的理疗恢复、康复治疗、心理咨询等，在确保适应性体育顺利开展的同时，也避免一些伤害事故的发生。

三、设计部分（做什么）

在前面调查、评估的基础上，就是进行适应性体育的具体设计，解决做什么的问题。

首先就是明确教学目标，根据特殊群体学生的个体差异制定具体的教学目标。也就是通过适应性体育的学习，特殊群体学生身体、心理、康复、体育意识、锻炼习惯、体育技能及知识掌握等方面要达到什么标准或程度，并提出具体要求，注意事项、预防措施等。

教学内容可能是具体的项目，也可能是具体的活动，或者具体的练习。一个教学内容可能由不同练习、活动、项目组成，也可能就是单一内容。总之，教学内容是针对特殊群体学生个体所安排的具有可操作性的、直接指向特殊群体学生需求的、学生可以胜任的具体实践安排。这是适应性体育设计、实施的核心，离开具体的教学内容，适应性体育就成了纸上谈兵。围绕

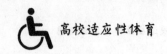

着具体教学内容,再进一步对教学模式、教学方法、教学手段、教学策略等进行综合考虑和安排。

四、实施部分(怎么做)

实施部分是解决怎么做的问题。就是要考虑如何组织,采取什么方式、何种途径,需要什么支援和协作,最终确保适应性体育的目标、内容能真正落实到教学实践中去。

实施部分的复杂性就在于适应性体育在实施过程中很难进行整体的、统一的实施,虽然教学的起始和结束时间是固定的,但实施的具体时间、空间、形式等,都需要根据不同学生的具体情况和适应性体育的教学内容进行灵活的安排,可变因素及不可控因素都要比普通体育教学更加复杂,因此在组织、管理等方面需要考虑得更周全、更细致。

五、反馈部分(做的怎样)

适应性体育的效果如何,是需要最后经过综合评价来时行评判的,反馈部分就是回答做得怎样的问题。但对于适应性体育实施效果的评价不同于普通体育教学,最常采用的是结果评价。首先它的评价应该是多样化的,针对不同的特殊群体学生应该采用不同的评价方法。比如对于聋哑学生,他们本身在体育参与中相对障碍较少,基本能正常参与,经过适应性体育学习后,在运动技能方面可以根据他们的实际情况,制定相应标准进行一定的结果性评价。但对于部分学生,这种结果性评价并不能真实反映他们在身心、适应性等方面的提高或改变。因此,需要采用过程评价等多样化评价方法,对他们进行客观评价,并将存在的问题及时反馈,及时进行调整,而不是一成不变的。

以上是适应性体育设计的总体思路,每一部分都有各自的特点,又密切联系。评估、设计、实施、反馈四部分将在后面重点分析和讨论,因此在此不再赘述。

高校适应性体育实践指导

第四章

高校适应性体育对象的分类及实施框架

第一节 高校适应性体育对象的分类

高校适应性体育的对象主要包括残、病、弱三大类。

"残"主要指残疾学生,按不同残疾分为视力残疾、听力残疾、言语残疾、肢体残疾、智力残疾、精神残疾和多重残疾。在这主要以 2011 年 1 月 14 日发布,2011 年 5 月 1 日实施的《残疾人残疾分类和分级》(中华人民共和国国家标准 2011 年第 2 号公告,GB/T 26341—2010)作为依据。具体内容如下:

1 范围

本标准规定了残疾人残疾分类和分级的术语和定义、残疾分类和分级及代码等。

本标准适用于残疾人的信息、统计、管理、服务、保障等社会工作。

2 规范性引用文件

下列文件对于本文件的应用是必不可少的。凡是注日期的引用文件,仅所注日期的版本适用于本文件。凡是不注日期的引用文件,其最新版本(包括所有的修改单)适用于本文件。

GB/T 2261.3 个人基本信息分类与代码 第 3 部分:健康状况代码

世界卫生组织残疾评定量表Ⅱ(WHO - DASⅡ)(WHO Disability Assessment Schedule Ⅱ)。

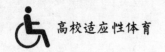

3 术语和定义

下列术语和定义适用于本文件。

3.1 残疾 disability

身体结构、功能的损害及个体活动受限与参与的局限性。

3.2 残疾人 disabled person

在精神、生理、人体结构上,某种组织、功能丧失或障碍,全部或部分丧失从事某种活动能力的人。

3.3 最佳矫正视力 best corrected visual acuity;BCVA

以最适当镜片进行屈光矫正后所能达到的最好视力。

3.4 平均听力损失 average hearing loss

500 Hz、1 000 Hz、2 000 Hz、4 000 Hz 四个频率点纯音气导听力损失分贝数的平均值。

3.5 听力障碍 dysaudia

听觉系统中的感音、传音以及听觉中枢发生器质性或功能性异常,而导致听力出现不同程度的减退。

3.6 失语 aphasia

大脑言语区域以及相关部位损伤导致的获得性言语功能丧失或受损。

3.7 运动性构音障碍 dysarthria

神经肌肉病变导致构音器官的运动障碍,主要表现为不会说话、说话费力、发声和发音不清等。

3.8 器质性构音障碍 organic anarthria

构音器官形态结构异常导致的构音障碍。其代表为腭裂以及舌或颌面部术后造成的构音障碍。主要表现为不能说话、鼻音过重、发音不清等。

3.9 发声障碍 voice disorder

呼吸及喉存在器质性病变导致的失声、发声困难、声音嘶哑等。

3.10 儿童言语发育迟滞 childhood dylayed language development

儿童在生长发育过程中其言语发育落后于实际年龄的状态。主要表现为不会说话、说话晚、发音不清等。

3.11　听力障碍所致的言语障碍　speech disorder cause by dysaudia

听力障碍导致的言语障碍。主要表现为不会说话或者发音不清,不能通过听觉言语进行交流。

3.12　口吃　stuttering

言语的流畅性障碍。主要表现为在说话的过程中拖长音、重复、语塞并伴有面部及其他行为变化等。

3.13　语音清晰度　phonetic intelligibility

口语中语音、字、词的发音清晰和准确度。

3.14　言语表达能力　ability of expression in speech

言语表达过程中,正确使用词汇、语句、语法的能力。

3.15　发育商　development quotient;DQ

衡量婴幼儿智能发展水平的指标。

3.16　智商　intelligence quotient;IQ

智力商数衡量个体智力发展水平的指标。

3.17　适应行为　adaptive behavior;AB

个体实现人们期待的与其年龄和文化群体相适应的个人独立与社会职责的程度或效果。

4　残疾分类

4.1　分类原则

按不同残疾分为视力残疾、听力残疾、言语残疾、肢体残疾、智力残疾、精神残疾和多重残疾。

4.2　视力残疾

各种原因导致双眼视力低下,并且不能矫正或双眼视野缩小,以致影响其日常生活和社会参与。视力残疾包括盲及低视力。

4.3　听力残疾

各种原因导致双耳不同程度的永久性听力障碍,听不到或听不清周围环境声及言语声,以致影响其日常生活和社会参与。

4.4　言语残疾

各种原因导致的不同程度的言语障碍,经治疗一年以上不愈或病程超

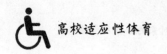

过两年,而不能或难以进行正常的言语交流活动,以致影响其日常生活和社会参与。包括:失语、运动性构音障碍、器质性构音障碍、发声障碍、儿童言语发育迟滞、听力障碍所致的言语障碍、口吃等。

注:3 岁以下不定残。

4.5 肢体残疾

人体运动系统的结构、功能损伤造成的四肢残缺或四肢、躯干麻痹(瘫痪)、畸形等导致人体运动功能不同程度丧失以及活动受限或参与的局限。

肢体残疾主要包括:

a) 上肢或下肢因伤、病或发育异常所致的缺失、畸形或功能障碍;

b) 脊柱因伤、病或发育异常所致的畸形或功能障碍;

c) 中枢、周围神经因伤、病或发育异常造成躯干或四肢的功能障碍。

4.6 智力残疾

智力显著低于一般人水平,并伴有适应行为的障碍。此类残疾是由于神经系统结构、功能障碍,使个体活动和参与受到限制,需要环境提供全面、广泛、有限和间歇的支持。

智力残疾包括在智力发育期间(18 岁之前),由于各种有害因素导致的精神发育不全或智力迟滞;或者智力发育成熟以后,由于各种有害因素导致智力损害或智力明显衰退。

4.7 精神残疾

各类精神障碍持续一年以上未痊愈,由于存在认知、情感和行为障碍,以致影响其日常生活和社会参与。

4.8 多重残疾

同时存在视力残疾、听力残疾、言语残疾、肢体残疾、智力残疾、精神残疾中的两种或两种以上残疾。

"病"在这主要指病弱,指因某种疾病原因导致健康问题而出现的活动能力不足或受限。常见的,如先天性心脏病、哮喘、癫痫、肾炎、肺结核、糖尿病、白血病等,这些疾病会直接影响到个体的健康状况,从而造成运动能力的下降,或因为疾病本身原因限制了正常运动的进行,从而导致不能有效参加正常体育活动。

1975年，美国国会通过了 IDEA 法案，即《所有残疾儿童教育法》（Education of All Handicapped Children Act，即 94‐142 公法），以保障残疾儿童的教育权益，规范学校中的特殊教育。该法案堪称美国特殊教育发展的里程碑，为残疾儿童接受平等而适当的教育提供了法律支持。94‐142 公法确立了保障残疾儿童及其家长权益的六条基本原则，包括① 零拒绝（Zero reject）；② 无歧视性评估（Nondiscriminatory evaluation）；③ 个别化教育（Individualized education）；④ 最少限制的环境（Least restrictive environment）；⑤ 合法的程序（Procedural due process）；⑥ 家长的参与（Parental participation）。其中将身体病弱界定为因慢性或急性疾患所产生的活力状况缺乏而对个人教育产生的不良影响。

"弱"在以往的研究中常常和病弱放在一起，但两者还是有区别的，在本书中将两者区分开进行说明。这里的"弱"主要指身体、生理、心理基本正常，无残疾、伤病状况，但因体质等原因造成体育运动时的受限，导致无法参与正常体育教学。

典型的就是肥胖，如果只是单纯肥胖，并没有引起身体或生理问题的出现，仅仅因为体重原因造成的力量、速度、耐力等身体素质的下降，这就是典型的"弱"的表现。但如果肥胖症而引起心血管、呼吸、内分泌、骨骼等方面出现了异常，如冠心病、肺功能异常、糖尿病、骨骼变形等问题，从而导致体质下降、运动受限，这就是"病弱"的表现。当然还有一些学生是因为身体过于单薄而表现出来的体质虚弱，也是属于"弱"的范围。但弱目前很难进行客观的界定，这除了需要借助医学等相关检测手段外，还需要体育特殊教育在这方面尽快制定出统一规范或标准。

适应性体育的对象主要以上述三大类为主，但在具体实施时由于受到高校主客观发展的影响而呈现出高校自身的特点。

第二节　高校适应性体育的具体实施框架

高校适应性体育的具体实施框架见图7，具体实施时主要包括四个部

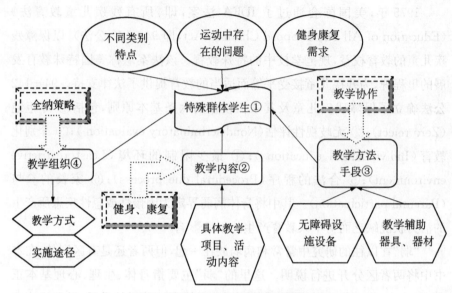

图7　高校适应性体育具体实施框架图

分,考虑的主要问题如图所示。

第一部分主要是对特殊群体学生的情况进行了解和界定。

主要考虑三个方面的内容:

第一,对不同类别的特殊群体学生的特点进行了解和认识,主要考虑他们的身体活动能力、运动禁忌、注意事项等;

第二,了解他们在运动时的具体表现及可能出现的问题,主要考虑他们能做什么、不能做什么、能做到什么程度等;

第三,要了解特殊群体学生的健身及康复需求。在第二条基础上,除了考虑他们能做什么,还要考虑做了之后会对他们身心带来什么帮助,是否有利于提升他们的康复水平等。

第二部分就是具体教学内容的设定。

这部分主要在第一部分的基础上,根据特殊群体学生的实际进行具体教学内容的安排。这里的项目和活动是有区别的,项目偏向于技能学习,在技能学习基础上兼顾健身和康复,比如聋哑学生,他们活动能力基本不受限制,因此可以基本完成正常体育项目学习,在技能方面就会有一定要求。而一些学生可能活动严重受限；因此主要以体育活动参与为主，重点考虑的是他们的健身和康复需求。当然特殊群体学生的情况很复杂，具体情况要具体分析，可能兼顾一面，也可能会综合实施，但两者的侧重点我们必须清楚，那种直接把普通学生体育内容照搬过来的做法是绝对禁止的。

这部分的难点在于体育学习与健身、康复的协调。无论是项目学习，还是体育活动参与，都必须考虑到特殊群体学生自身的健身与康复需求，虽然普通学生也要考虑健身需求，但特殊群体学生考虑的问题更多，面临的困难也更复杂，所以如何兼顾是适应性体育能否"适应"特殊群体学生需求的重点。

第三部分是确定具体的教学方法及手段。

针对教学内容的不同就需要确定不同的教学方法和手段，对于特殊群体学生而言，教学内容和教学方法、手段常常具有单一指向性，也就是说不同类别之间在教学方法和手段的使用上可能截然不同，比如盲人和自闭症的学生、下肢残疾和同样是下肢受伤的学生间因为教学目标、目的不相同也都是存在很大的差异。在确定适应性体育的教学方法及手段时，对无障碍设施、设备及辅助教学器具都必须进行考虑，没有与教学方法及手段配套的设施、设备和器材、器具，对于特殊群体学生而言，可能教学就无法正常进行，比如要进行盲人乒乓球的教学，普通乒乓球台和乒乓球是无法通用的，必须要使用相应的器材、器具，当然自己可以对普通乒乓球台和乒乓球进行改造，有条件也可以购置专业的器材、器具。

这一部分的难点在于教学协作。针对特殊群体学生的教学方法及手段的选择、确定、实施，往往不是体育单一部门或体育教师就能完全解决的，比如上面说的无障碍设施、设备、器材、器具等需要相关部门的支持，而在具体教学实施时，针对个别学生，可能还需要多媒体课件、语音或盲文等教学内容的准备，有时还需要医学康复专业人士的临场指导，这些就需要多方的协作了，仅靠体育教师一方的力量是不够的。

第四部分就是教学的具体组织。

教学组织主要是选择合适的教学方式和教学途径。教学方式和途径根据教学对象和教学内容的不同，表现出很大的灵活性。比如轮椅篮球，可以是在特殊群体学生之间进行，也可以是普通学生和特殊群体学生一起完成。

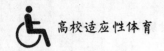

也可以是特殊群体学生自己单独练习,或者是和教师、志愿者进行练习。教学方式不同,达到的效果也迥然不同。这些就需要根据学生情况和教学目标来灵活判断。

这部分的难点是如何将全纳教育和全纳体育的理念真正贯彻到适应性体育实践中去。适应性体育的一个重要目的就是提升特殊群体学生的社会适应能力,这与全纳教育理念是吻合的。而怎样实现呢,教学方式和教学途径的选择就非常重要了,通过不同的教学方式和途径打破特殊群体学生与普通学生的隔离,达到全体学生的相互交流和进步,这是适应性体育的目标,也是全纳教育和全纳体育的要求。

第三节 适应性体育设计及实施注意事项

一、基本注意事项

1. 明确目的和目标

肢体残疾学生和普通学生基本是一致的,都面临着健康促进、体育技能学习、锻炼意识培养、康复保健、休闲娱乐、竞技比赛、社会适应等方面的体育诉求,但很显然在侧重点上是不同的,虽然普通学生也有个性发展的要求,但残疾学生表现出更强烈的个体差异。特别是目前普通高校的招生现状,让这类学生表现出数量不多,但类型多样的特征。因此,针对每个个体,要明确他们参与体育及体育教学的目的和目标,特别在康复、社会适应、支援、自信心培养等方面给予更多的关注,在适应性体育教学中体现综合干预、全面支援的特性,有的放矢地进行安排和设计。

2. 体医连携

不仅针对肢体残疾的学生,对于特殊群体学生,在适应性体育教学中都应做到体医间的联系和协作。总体来看,肢体残疾学生缺少体育运动和活动的经历,在自身体育体验和心理准备方面都会有所欠缺。在适应性体育教学中,生理及心理都会承受以前不曾经历过的负担、压力和困难,随着运动时间和强度的积累,可能会加重残疾部位的负担,从而造成二次损伤或加重伤痛,显然依据经验的判断并不能准确进行把握,这就需要医疗机构的介入,对残疾情况进行跟踪监控,并及时给出诊断意见和方案,体育教学也将随之进行调整和改变,做到对残疾学生真正的"适应"。

3. 硬件及软件的利用与开发

这几年屡屡有残疾学生进入高校后,在学习、生活中遭遇窘境的报道,而在体育方面的学习情况更是不容乐观。目前高校的体育设施、设备、器材及相关支援很难满足残疾学生的体育参与、体育教学和康复,有很多学校的体育场馆、无障碍通道,甚至都不完备,对于按肢体残疾学生而言,基本的无障碍设施都没有,根据调查,有的名校在这方面的资源都非常欠缺,体育馆没有无障碍通道,使用轮椅的学生自由通行都成问题。在体育教学中更是没有针对性的设施、设备和器材提供,在基本的硬件上不能满足残疾学生基本的需求。而前面报道中的一位学生需要母亲陪读,为什么会这样,因为高校在学习和生活等方面也缺乏基本的支援,学生只能借助家庭力量来协助自己完成日常生活和学习。在体育参与和体育教学中我们也会面临同样的问题,如果没有软件上的完备,没有制度和支援体制的健全,残疾学生想要获得平等学习的机会,适应性体育想要顺利开展是不可能的。因此,硬件和软件两方面共同的完善和提高,是伴随着适应性体育的开展同时进行的。

4. 激发兴趣和主动性

我们在进行适应性体育设计时,需要符合残疾学生自身的需求,但符合并不一定就能让他们有兴趣参加,对于他们而言,本身就缺乏体育方面的体验和经验,在自身能力及意识方面都比较薄弱,想要他们突然适应现有的教学环境和要求,其实是不现实的。因此,在适应性体育设计之初,要由简到繁、由易到难,由了解到体验、由体验到尝试、由被动到主动,激发兴趣,培养主动性。

但是,我们也要避免走入误区,以为提高兴趣就是降低难度,或者只是

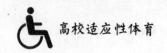

他们愿意参与的活动,或者一味迁就学生的感受。这种兴趣的激发,更多的是采用多样化的、灵活多变的、积极鼓励和多种支援下的教学手段、途径和方式,通过残疾学生对自我的逐渐挑战,一点点激发出他们的主动性、能动性,并体会到成功的喜悦和成果,从而产生兴趣,并激发出学习的欲望。因此,我们舍弃一些错误观点,认为残疾学生的体育教学就是简单的、强度低的、无对抗的、容易掌握的项目或内容,其实残疾学生内心都有挑战自我的潜能,我们要做的就是激发出这些潜能,并变成他们前进的动力。

5. "适应"并不"特别"

我们谈到适应性体育就会自然想到是针对残疾群体而设定的特殊体育,如何从残疾学生的特殊性出发,针对他们的障碍而选择或设计适合他们的体育活动或项目这并没有什么问题。例如,轮椅篮球、坐式排球、盲人乒乓球等。但我们还要考虑到全纳教育、全纳体育理念的推广实施,在适应性体育的设计时,应充分考虑到现有条件和整体学生的需求,并将"通用化设计"理念融入其中,做到资源的最大共享,尽可能做到让特殊群体学生与普通学生双方共同的"适应",而不是"特别化"或"孤立化",这才有利于特殊群体学生真正掌握、学会融入正常社会,并被社会真正理解和接纳。

6. 处理好实际教学与长远发展的关系

对于适应性体育的设计与实施,我们应该设定长远的目标和规划。高校体育特殊教育作为残疾人体育的一个重要组成,在发展上也要立足于我国实际及社会发展的需求,并力求与国际先进理念接轨,鉴于现在的条件及现实状况,实际的操作可能滞后于规划,但要把这一规划落实到一个一个小目标之中去,一个一个目标地去落实和实现。

从我国体育发展的趋势来看,"体教融合"已经是一个必然,残疾人体育也应该跟上整体体育发展的脚步,这也要求高校体育特殊教育需要适时做出调整,在观念及实际操作层面不断更新及创新。因此,适应性体育也需要根据残疾学生情况进行分层教学,不能仅仅拘泥于教学本身,在充分考虑残疾学生实际发展需求的前提下,为残疾人体育的发展,挖掘和培养人才。迈出这一步,固然会面临更大的挑战和艰辛,但今天的一小步才能铸就未来的一大步。

另外,适应性体育的设计与实施要充分体现全纳教育及全纳体育的思想和理念,如果适应性体育的设计和实施还是仅仅拘泥于残疾学生自身,缺乏对于全纳教育和全纳体育的体现,那么这种"适应"就是不全面的,可能达到了残疾学生某一方面或某几方面的要求,但却不能达成全面的适应。全纳教育和全纳体育更强调双向和、多向的互动、交流和融合,最终要做到的是生理、心理、支援、社会适应等全面的、真正的融合,而不是简单的结合。因此,适应性体育作为教育的一个组成部分,理应承担除了教学之外的对于残疾学生多方面的培养和教育,将残疾人体育发展及全纳教育、全纳体育理念融入教学之中,使之成为一种有效的教育过程,最终达成残疾学生在生理、心理及社会适应力等方面全面的提升。

二、医学上的注意事项

在适应性体育的设计与实施时,我们必须注意不同特殊群体学生的医学特点,这也涉及学生的安全问题。比如下肢截肢学生容易出现擦伤或磨伤的情况;而脊髓损伤学生的心肺功能比较弱,一方面在负荷强度和量的安排上要非常慎重,另一方面,如果承受一定负荷后,其恢复也要比普通学生慢;还有听力障碍的学生由于听力受限,对于视觉以外的事件没有反应或反应滞后,这可能会对他们造成伤害;另外,由于残疾情况的不同,有些运动会导致局部身体长时间受力而引发疲劳,或导致局部血液循环不畅,由此而造成一些问题的出现,有可能会给残疾学生带来不便,甚至是伤害。

同时,教学与医疗要紧密配合,目前的体育特殊教学主要由体育部门来承担,其他相关部门的协作相对还很欠缺和薄弱,特别是医疗部门的介入还很不足。比如,有些由于残障导致的跟腱缩短,造成只能用脚尖着地从而影响正常运动的情况,通过手术可以得到有效治疗和恢复,从而提升运动能力。这些不仅需要体育教师具备专业的素养,也需要相关部门的协作,否则适应性体育的开展必然会受到制约,不可能得到真正的落实。

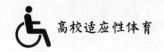

三、技能指导中的注意事项

1. 以实际身体姿态为主

在技能学习及技能指导中,动作的完成要着重考虑残疾学生自身的身体姿态,根据残疾的不同,每个学生都有各自不同的身体姿态,外在表现相似,但残障原因不同、听力残疾及视力残疾程度的不同等都会影响到身体姿态或形成自己特定的身体姿态。例如,单下肢截肢学生长时间骑行就会加重腰部的负担。因此,在技能学习中,最主要的就是根据残疾学生各自的特点,设计出符合他们身体姿态的技术动作,在能够充分发挥出他们身体现存功能的前提下,尽量减少对他们身体特定部位的伤害,并提升他们的运动机能。

2. 耐心及爱心

对于听力障碍或轻度残疾的学生而言,一些动作的完成可能相对容易,但实际情况往往更加困难,普通学生在学习一些技术时,也需要花费大量的时间,通过不断的实践,才能基本掌握,何况残疾学生。例如,脑瘫学生在游泳学习时,四肢的协调就需要花费大量的时间,这需要教师或志愿者有一定的专业素养,以及相当的耐心及爱心,才能在花费比普通人多数倍,甚至数十倍时间的情况下,取得一定的进步。但是我们应该看到,残疾学生的潜力也是巨大的,有的拥有比普通学生更大的臂力,有的更加坚韧,在不断努力下,他们也能取得令人惊叹的成绩。

3. 运动量和强度的控制

对于普通学生而言,运动量和强度的控制可以有一定的标准作为参考,但对于残疾学生,在适应性体育设计和实施时,按常规的标准进行控制,显然是不科学的,也不可能制定出同一标准应用于全体残疾学生。因此,这也需要遵循个体化原则,或者根据残疾程度、类型进行分类,做到分类划分和制定。

4. 个别练习和指导

根据前面所述,残疾学生的个体差异明显,统一及同一化的体育教学不适用于他们,这也是适应性体育提出的意义。在体育教学时,个别练习及指导是针对性的体现,这也反映出适应性体育教学实施的复杂性,个别指导在师资、设备、设施等方面提出了更高的要求,因此,常常需要一个团队的协作,或者是志愿者、同伴的协助和支持。而这需要以体育部门为主导,相关部门进行配合,比如志愿者的宣传、招募和培训、医疗监督和介入等。因此,个别练习和指导的前提是相对完备的设施、特殊教育理念的普及、师资的完备及各部门的相互协作。

四、态度培养方面的注意事项

如果我们仅仅把适应性体育理解为身体的育成或康复,那说明我们并没有把握适应性体育的全部,作为残疾学生,他们有着自己不同的经历,有先天的、有后天的;有疾病造成的、有天灾人祸遭遇不幸的;有轻微的、有严重的,他们的心理感受是迥然不同的。如果在适应性体育教学中,我们只注重身体层面的东西,而忽视了他们心理层面的感受,有可能在体育教学中让他们产生畏惧、抵触、逃避等心理,加重他们原有心理负担,变得不自信或自卑、孤僻。因此,态度的育成也是适应性体育必须要考虑的重要环节。

1. 自信心的培养

受伤、运动经验不足、自己的身体姿态怕人嘲笑等都可能成为学生自信心表现不足的原因,没有自信心,学生就会不敢、不愿意或缩手缩脚地参加体育教学活动,这样的教学效果显然是得不到充分体现的。因此,教师除了从自身的态度及言语上,对他们进行鼓励、激励外,需要考虑他们产生问题的原因,通过教学设计、教学实施让他们从简至繁、从易到难逐渐适应。同时,要营造尊重、融洽的学习氛围,残疾学生对于外界往往比较敏感,良好的氛围能够让他们放下心理包袱,大胆展现自己,自信心才能逐渐培养起来。

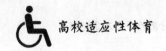

有了自信,他们才可能主动参与、乐于参与体育活动,也才可能培养运动的兴趣,达到教学目的。

2. 团体意识

残疾学生过去的经验和经历,可能更习惯和家人、个别亲近的人(朋友)接触,或者独处。因此,普遍缺乏良好的团体经验,不适应积极主动地参与团体活动,而适应性体育不仅是要通过体育学习掌握锻炼、康复及体育活动的技能、方法,同时还要培养残疾学生的社会适应能力,以及促进其他群体成员对他们的了解和理解,这些正是体育的优势。体育的团体性、互动性、协作性等都能提供更多机会让残疾学生参与团体活动,从而达成相互的认识和理解,在互动中增强他们的团体意识、参与意识,为以后走向社会也奠定良好的基础。

3. 正视身体的特殊性

每个人在身体能力、姿态等方面都有各自的不同,这种差异其实普遍存在,对于差异的态度,有时更多的是认识上的问题。当然既然存在差异,我们不是无视它,而应该正视它。我们应该明白这种差异是客观存在的,我们要避免这种差异的特征,尽可能避免让它影响到自己的正常生活,甚至给自己带来伤害,这也是在体育活动中必须注意的问题。当我们采取合适的方法,将这种差异带来的负面影响减少到最小化时,学生才能正视这种差异,接受这种差异,忽视这种差异。所以一味地鼓励是不够的,适应性体育就是要找出合适的方法,让残疾学生认识到自己身体的能量,做到爱自己、爱别人。

五、教学中应该注意的礼仪

我们应该清楚,体育教学本身就是一个教育过程。因此,适应性体育教学要肩负对于全体学生的教育任务,特别是通过体育教学过程,教师自身及其他群体成员在与残疾学生相处时,应该懂得基本的礼仪,是真正尊重他们,而不是简单的同情或怜悯。恰当的礼仪能让残疾学生感到应有的尊重,而不是将他们作为弱势群体的那种"帮助"。不合适的"好心",有时反而伤害了他们的自尊心。

(1) 对于弱势群体的帮助是理所应当的,但这也是有一个度的,超过这个度,也许就会起到截然不同的结果。曾经有报道,某次残疾人运动会,志愿者对残疾人运动员无微不至的照顾,不仅没有得到运动员的赞许,还引起了一些运动员的反感。因为,这种无微不至,让残疾人运动员感到自己是弱者,是没用的人。其实他们自身有很强的独立能力,不是特别场合,基本不需要别人特别的照顾。其实这就是一种礼仪,尊重才是最好的帮助。

(2) 我们每个人都是特殊的,每个人都与别人存在着不同,所以除非在研究等特定场合,需要进行概念界定时,会用到残疾、残障等词语,更多时候,应该使用不带歧视色彩的"特殊群体"等用语。在教学中也应该让大家都意识到这个问题,避免使用比如"那个残疾学生""＊＊残疾同学""就是那个腿有残疾"等不恰当的用语,这和我们平时所说的"那个胖子"一样,是不合适,甚至是不尊重的方式。这不仅是从行为习惯上,更应该从认识上,真正转变这种看法。

(3) 在帮助残疾学生时,应该征求对方的同意,需要什么样的帮助,而不是想当然地认为我是出于好意,对方应该接受,甚至感激。这样的做法和想法都是不恰当的,征求意见就是一种尊重。

(4) 不要用好奇、同情、有意回避、厌恶的眼光或表情对待残疾学生,在言语交流时,尽量不要涉及残疾学生的残障原因等隐私问题,如果确实需要了解,应该用平常心对待,可以提出自己的看法,但同样不要表现出同情、惊讶、惋惜等情绪或态度。

另外,本书将把教学方式、教学策略、无障碍环境建设、教学支持等内容融合到具体案例分析时,一起进行讨论,不再将它们独立出来进行分析。这样的好处是可以和具体事例进行结合,理论直接应用到实际操作中去,增强其实用性。

第五章

肢体障碍学生的适应性体育

第一节　肢体障碍概述

一、肢体障碍的定义

肢体障碍在此主要包含两种情况:一是指肢体残疾所造成的活动障碍;二是指由于肢体受伤所造成的活动障碍。肢体障碍在高校体育保健课教学中比较普遍,学生所占比例也较高。前者有较明确的分类标准,因此可以根据具体情况进行有针对性的适应性体育教学安排,后者由于情况多样并具有突发性,因此需要根据学生现实的状况进行考虑。

二、肢体残疾的分级标准

根据 2011 年 5 月 1 日实施的中国残疾人残疾分类和分级标准,肢体残疾是指人体运动系统的结构、功能损伤造成的四肢残缺或四肢、躯干麻痹(瘫痪)、畸形等导致人体运动功能不同程度丧失以及活动受限或参与的局限。

肢体残疾主要包括:

a) 上肢或下肢因伤、病或发育异常所致的缺失、畸形或功能障碍;

b) 脊柱因伤、病或发育异常所致的畸形或功能障碍;

c) 中枢、周围神经因伤、病或发育异常造成躯干或四肢的功能障碍。

1. 肢体残疾分级原则

按人体运动功能丧失、活动受限、参与局限的程度分级（不配戴假肢、矫形器及其他辅助器具）。肢体部位说明如下：

a）全上肢：包括肩关节、肩胛骨；

b）上臂：肘关节和肩关节之间，不包括肩关节，含肘关节；

c）前臂：肘关节和腕关节之间，不包括肘关节，含腕关节；

d）全下肢：包括髋关节、半骨盆；

e）大腿：髋关节和膝关节之间，不包括髋关节，含膝关节；

f）小腿：膝关节和踝关节之间，不包括膝关节，含踝关节；

g）手指全缺失：掌指关节；

h）足趾全缺失：跖趾关节。

2. 肢体残疾分级

（1）肢体残疾一级

不能独立实现日常生活活动，并具备下列状况之一：

a）四肢瘫：四肢运动功能重度丧失；

b）截瘫：双下肢运动功能完全丧失；

c）偏瘫：一侧肢体运动功能完全丧失；

d）单全上肢和双小腿缺失；

e）单全下肢和双前臂缺失；

f）双上臂和单大腿（或单小腿）缺失；

g）双全上肢或双全下肢缺失；

h）四肢在手指掌指关节（含）和足跗跖关节（含）以上不同部位缺失；

i）双上肢功能极重度障碍或三肢功能重度障碍。

（2）肢体残疾二级

基本上不能独立实现日常生活活动，并具备下列状况之一：

a）偏瘫或截瘫，残肢保留少许功能（不能独立行走）；

b）双上臂或双前臂缺失；

c) 双大腿缺失；

d) 单全上肢和单大腿缺失；

e) 单全下肢和单上臂缺失；

f) 三肢在手指掌指关节(含)和足跗跖关节(含)以上不同部位缺失(一级中的情况除外)；

g) 二肢功能重度障碍或三肢功能中度障碍。

(3) 肢体残疾三级

能部分独立实现日常生活活动,并具备下列状况之一：

a) 双小腿缺失；

b) 单前臂及其以上缺失；

c) 单大腿及其以上缺失；

d) 双手拇指或双手拇指以外其他手指全缺失；

e) 二肢在手指掌指关节(含)和足跗跖关节(含)以上不同部位缺失(二级中的情况除外)；

f) 一肢功能重度障碍或二肢功能中度障碍。

(4) 肢体残疾四级

基本上能独立实现日常生活活动,并具备下列状况之一：

a) 单小腿缺失；

b) 双下肢不等长,差距大于等于 50 mm；

c) 脊柱强(僵)直；

d) 脊柱畸形,后凸大于 70 度或侧凸大于 45 度；

e) 单手拇指以外其他四指全缺失；

f) 单手拇指全缺失；

g) 单足跗跖关节以上缺失；

h) 双足趾完全缺失或失去功能；

i) 侏儒症(身高小于等于 1 300 mm 的成年人)；

j) 一肢功能中度障碍或两肢功能轻度障碍；

k) 类似上述的其他肢体功能障碍。

三、肢体残疾学生的生理及心理特点对体育参与的影响

1. 肢体残疾学生的生理特点与体育参与

表1 常见肢体残疾及致残原因

肢体残疾		致残原因
三瘫一截	偏瘫	脑血管意外,脑损伤,脑肿瘤,病毒、细菌等脑部感染性疾病,中毒等致脑内病变所引起。
	脑瘫 妊娠期病因	宫内感染,孕妇自身疾病,用药不当,中毒或有毒环境影响,遗传因素等导致婴儿脑损伤
	脑瘫 分娩期病因	难产,早产,新生儿窒息等导致婴儿脑损伤
	脑瘫 出生后病因	婴儿核黄疸,脑部感染,头部外伤,高热等导致婴儿脑损伤
	截瘫 外伤性脊髓损伤	交通事故、工矿事故、高处坠落、运动损伤、暴力行为中直接或间接外力作用造成脊髓结构与功能损害
	截瘫 非伤性脊髓损伤	肿瘤、结核、畸形等造成脊髓结构与功能损害
	截肢	严重外伤,动脉闭塞性疾病,肢体严重感染,肢体肿瘤,肢体严重畸形和发育异常
脊髓灰质炎后遗症(儿麻后遗症)		经消化道感染脊髓灰质炎病毒致脊髓灰质炎所留后遗症,可引起肢体不对称性弛缓性瘫痪,以影响下肢运动功能为常见。
软骨发育不全,成骨不全,进行性肌营养不良,裂手裂足,抗维生素D佝偻病,重症肌无力,周期性麻痹,脊柱裂		人类遗传物质(染色体与基因)发生异常,导致胎儿在出生时或出生后出现机体结构和功能异常的疾病。具有家族性,先天性和终身性。
大骨关节病,地方性高氟肢体残疾		与所在地方土壤、水质作物中某种物质缺少或含量过高有关
麻风病肢体畸形残疾		由麻风分枝菌引起的慢性传染病,侵害肢体导致

从肢体残疾分级标准及致残原因可以看出,不同的级别,其活动障碍及

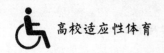

活动受限是有很大差异的,具有复杂性、多样性的特点,最终会不同程度地影响到他们的体育参与。比如说复杂性,内反足、小儿麻痹、一下肢功能障碍或残疾,从外在表现来看,有可能会有相似性,但实际教学实施、康复及注意事项等方面,却有着很大的不同。而多样性一方面表现为残疾类型的多样,也表现为同一残疾有着不同程度的差异。所以在此很难对肢体残疾学生参与体育进行一概而论的表述,必须根据实际情况和个体差异进行分类教学和指导。

总体而言,肢体残疾学生的身体活动会因为自身原因导致不同程度的受限,而这些差别最终会影响到他们的康复需求、身心发展、个性形成、回归社会的方式等,并影响到他们参与体育的机会、目的及要求。因此,针对他们的适应性体育就需要充分考虑他们的生理、心理特点,在项目选择、设置、场地安排、设备器材等方面有针对性地进行安排,不仅满足他们在学校的需求,更应与日后走向社会、建立家庭等紧密联系起来,让他们通过体育学习、锻炼和康复,能够较好地满足目前及今后的学习环境、生活环境、社会环境,在生理及心理等方面得到锻炼和适应。

2. 肢体残疾学生的心理特点与体育参与

肢体残疾学生中不乏积极乐观、开朗向上的,但总体来看,由于先天生理条件的制约和影响,在心理上还是会表现出一些特性。在此我们从情绪与社会适应、智力与经验及性格与行为三方面进行简单分析。

肢体残疾学生由于行动不便,加之走路姿态的不同,在一定程度上对他人的眼光比较敏感,常常会因为外界的一些细节而造成情绪上的波动,比如同学长时间的目光注视,老师当众对于自身情况的询问等,都可能让他们感到不自在。有时老师或同学过度的关心、帮助也会让他们感到自己不如别人,从而产生抵触情绪。而遇到不友好的对待时,又可能产生自卑心理或对抗情绪。因此,对于外界环境的敏感容易诱发他们产生心理紧张或情绪起伏,影响他们参与体育的积极性和兴趣。

社会适应首先就是肢体残疾学生对于自身障碍的接纳问题。其一就是对自己身体的接纳,具体表现为对自己身体状况、产生的原因和现存的结果能够冷静、理智、客观地认识和理解；其二就是心理层面的接纳，具体表现为能够正视自己的障碍，既不自我怜悯，也不自卑，没有过度的烦恼、羞耻和不安；其三就是群体接纳，具体涉及和家庭、师生、学校或社会关系的适应程度。肢体残疾学生更愿意独处或和自己境况相同的同学接触，他们更愿意以自己的方式去活动，而体育参与性和交互性很容易让他们不安和紧张，因此常常采取回避的态度，从而让他们丧失了与同学更多接触和交流的机会，也失去了展示自己和让别人了解、理解自己的机会。因此，适应性体育就是要主动营造他们能够并且愿意参与的体育氛围，通过体育参与、锻炼和学习，增进他们社会适应能力，并能接受、正视自己的身体状况。

这类学生主要问题在于体育参与经验的缺失上。因为自身身体原因及环境条件等限制，他们在体育参与的时间、机会及主动性方面都会比普通学生缺失很多，对体育缺少基本的感性认识，在参与热情及经验等方面也存在明显的不足。因此，如何创造条件，提高他们参与的机会，帮助他们积累活动的经验和信心，是适应性体育需要解决的问题。

在性格行为方面，这类学生能够进入高校，在性格上都比较好强，更容易有自我保护意识，但在外形方面的特殊，又不可避免地受到外界的关注，自己也会非常敏感。因此，他们更愿意在学习上努力进取，获得自信和认可，而在体育方面选择逃避或应付。在体育参与方面，他们在性格与行为上常常表现出矛盾的一面，在性格上坚强，但在体育参与上回避；在学习上自信，在体育方面自卑；在学习上愿意付出，在体育上表现冷漠。这些可能是多种原因造成的，但在体育参与方面，他们很难从中获得应有的心理期望和满足感有密切关系。

在我所教学生中，有一位学生表现非常突出，虽然下肢残疾，但这位学生自信、坚强、乐观向上，能够主动参与各种力所能及的体育项目，甚至课后去和普通学生踢足球，虽然基本抢不到球，但他依然乐在其中，而其他学生也被他所感染，没有歧视，也没有刻意照顾。他也充实地结束了四年大学生活，自信满满地走向社会。但从我们体育教育的角度来看这件事时，这样的学生毕竟是少数，虽然我们需要学生积极主动，但我们应该看到，他们更多的时候需要我们主动创造机会给他们，我们需要为他们提供一个他们能够

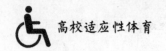

平等参与、能够享受体育的环境,我们所说的适应,不是无条件地让他们去适应普通人的学习和生活,而是提供一个平台、空间,让他们能够平等地与普通人一样享受体育、参与体育,在此基础上加深交流、共同发展,让普通群体能够真正接纳他们,适应他们的存在,这才是适应性体育的意义所在。

第二节 医学视角下肢体残疾学生的体育参与

一、体育参与中的典型肢体残疾

肢体残疾在高校残疾学生中的比例相对还是比较高的,有的是先天性四肢发育不全;有的是因病导致运动神经系统病变造成上、下肢麻痹;有的是因意外事故造成的上、下肢残损。

上肢残疾的人可以通过安装假肢或上肢矫正器以代偿部分失去的功能,但也有很多残疾人经过艰苦训练,可以用双足、嘴等进行功能补偿,完成依靠手才能完成的学习、生活任务。

下肢残疾的人借助轮椅、拐杖等辅助行走,在长期的锻炼下,他们的上肢更加有力和灵敏,从而对下肢缺陷进行了间接补偿,有的下肢残疾学生能够依靠双侧拐杖和普通学生一起参与足球运动和比赛。

可以看出,肢体残疾通过自身其他器官的补偿,或利用人造器械进行辅助补偿,在生活和学习等方面能够做到基本的自理和独立,甚至在某些方面还可能具有自己的优势。这说明,一方面他们也应该能够胜任体育学习和体育参与;另一方面,我们不仅要通过体育学习和体育参与,达到我们前面所说的态度养成、习惯培养、力量增强、心肺功能提升等体育功能的直接体现。同时,也要关注他们的身体状况的改变,帮助他们更好地完成功能上的补偿,进一步提升他们的生活、学习能力,以及相关工作能力、社会适应能力。

但是,功能补偿和体育参与毕竟是有区别的。因此,我们首先要了解肢体残疾学生基本的特点,以及对他们参与体育可能出现的问题进行判断,根据具体情况进行适应性体育的设计,并在辅具、场地、设施、器材等方面提出一定的要求。

(一)固定型病症

典型的有脑性小儿麻痹、脊髓性小儿麻痹、脊髓损伤、脑血管障碍(脑出血、脑萎缩、脑动脉硬化等),教学中比例较高的是小儿麻痹。

1. 脑性小儿麻痹

也称脑中枢麻痹症(cerebral palsy),是出生时由母体内带来的或出生时脑伤及出生后受伤(先天性神经系统形成不全、重症黄疸、缺氧、脑部受撞击等)所致,直接影响肌肉的张力,干扰自主动作与肌肉的控制度,所以脑性麻痹病人一般来说会有无力或是僵硬的情形发生,延缓大动作和精细动作的发展。不过脑性麻痹和小儿麻痹并不相同,脑性麻痹患者的肌肉通常不是完全瘫痪,但其伤害可能会影响动作以外的其他部区域,因此可能同时有视觉、听觉、语言或学习上的障碍,是属于多重障碍类别。脑性麻痹病患的脑伤不会恶化,因此是非进行性的疾病,可是若是没有加以适当的治疗,会有关节畸形或挛缩的情形产生,脑性麻痹的类型有很多种,依照肌肉张力来分类可分成:

(1)痉挛型:痉挛型的病患主要是由于受到伤害的脑部传出不正常的讯息到肌肉,使肌肉呈现高张力,导致肌肉僵硬而呈现紧缩的状态,且肌肉保持在不正常的姿势,因而动作较为迟缓与笨拙。此种情况很难有大幅度的运动,因此常有畸形或痉挛的产生。

(2)徐动型:此种病人的肌肉张力不断地在改变,因此他们身上的肌肉(四肢、脸部)有不自主的颤动或缓慢的扭动。同时也由于不自主的肌肉张力变化,他们无法维持在一个固定的姿势,这种患者有时会从僵硬的不正常姿势忽然变成软而无力的。

(3)协调不良型:这种病人无法稳定地控制他们的肌肉。因此他们的动作往往较不稳定,当要他们去做些较为精细的动作便会产生。例如,当一

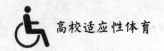

个协调不良的病人试着拿起一支笔时,他就很难进行准确控制,从而造成拿笔的困难。

（4）混合型:就是一位病人表现出不止一种的上述症状,若是依照受到影响的身体部位来分,又可分为:a. 半身麻痹,即半边身体/上肢或下肢受到影响;b. 双边麻痹,四肢都有受到影响,不过一般来说下肢受到的影响较为明显;c. 四肢麻痹,全身都受到影响,连脸部也受到影响,一般来说上半身受到的影响较大。

因此,受到上述原因的影响,导致日常生活动作、运动及身体姿势的控制出现问题,于是引起上肢或下肢特有的变形,如剪式步态、尖足、伸膝困难、脚跟不能着地等问题。有时也会引起智力上的障碍。

在适应性体育教学时,需要配合一定的机能训练,缓解肌肉的紧张,可以设计有节奏性的协同练习,反复进行训练。当然,如果能找到学生感兴趣的练习方式,效果可能会更明显。但是,在练习时,可能因为练习强度和量等原因,也会造成肌肉疼痛、变形部位受伤或疲劳等问题,需要特别注意。

为了达到更好的教学效果、康复效果,目前学生的医疗保障,国家非常重视,以前因家庭条件不能手术的,现在可以通过手术,对变形部位进行适当的矫正,从而改善他们的运动能力,提升学习和生活中的各项机能。

2. 小儿麻痹

也称脊髓灰质炎(poliomyelitis),脊髓灰质炎是由脊髓灰质炎病毒引起的严重危害儿童健康的急性传染病,脊髓灰质炎病毒为嗜神经病毒,主要侵犯中枢神经系统的运动神经细胞,以脊髓前角运动神经元损害为主。主要症状是发热,全身不适,严重时肢体疼痛,发生分布不规则和轻重不等的弛缓性瘫痪,俗称小儿麻痹症。脊髓灰质炎临床表现多种多样,包括程度很轻的非特异性病变,无菌性脑膜炎(非瘫痪性脊髓灰质炎)和各种肌群的弛缓性无力(瘫痪性脊髓灰质炎)。脊髓灰质炎患者,由于脊髓前角运动神经元受损,与之有关的肌肉失去了神经的调节作用而发生萎缩,同时皮下脂肪,肌腱及骨骼也萎缩,使整个机体变细,尤其下肢常见。

被诊断为小儿麻痹的患者,有60%会留下残疾,遗留不对称性、迟缓性,肢体麻痹伴肌肉萎缩和肢体发育障碍等病态。表现为上肢或下肢纤细,并伴随行动障碍。

通过体育锻炼,虽然不能使机能完全恢复,但通过训练,可以提高上肢的日常活动能力以及下肢站立和行走功能,争取达到生活、学习的自理、自立。

教学内容主要有增强肌力训练,扩大关节活动范围训练,矫形器制作和使用,以及手术后肢体功能恢复训练。

教学或康复时应注意以下几点:

(1)掌握适当的教学训练的尺度、量和方法。训练量不够,无明显效果;而训练过量,又可造成肢体的损害,比如:肌肉拉伤、关节肿胀、骨折脱位等。所以必须掌握好这个尺度,训练量要适当。

(2)训练应一步步来,不可操之过急。活动次数由少到多,关节活动范围由小到大,使用的力量由轻到重。训练量逐步增加,才可能收到良好的效果。

(3)任何训练都不应该引起明显疼痛。有时训练中可产生轻微疼痛,但在停止活动后,疼痛应消失。如果训练时发生严重疼痛,休息后又不消失,常常是损伤的信号,要停止训练。如果训练后疼痛剧烈,甚至出现下肢浮肿,表明运动过量,也应该暂时停止训练。

(4)训练不应感到疲劳。如有疲劳感觉时,应充分休息后再训练,以免过度劳累造成伤害。

一般认为小儿麻痹症在发病两年以后留下后遗症,病情不再进展,但也不易好转,患者维持一个相对稳定的残疾状态,不会再复发小儿麻痹症。但近年研究发现:部分患者30~40年以后病情仍可复发,出现新的类似小儿麻痹症的症状,被称为小儿麻痹后发综合征。表现为极度疲劳,肢体软弱无力逐渐加重,肌肉、关节疼痛以及肢体瘫痪和肌肉萎缩。因此,教师要有专业素养及认真负责的态度,不能与教学中出现的疲劳等情况混淆,延误病情。

(二) 持久性机能不全

这包括截肢、关节炎、骨髓炎等。

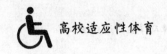

1. 截肢

截肢不仅对于一个人的身体、机能及外观带来影响,同时也会带来精神上的负担,但有时这是不得已的选择。因此,截肢者往往要担负来自外界以及自身所产生的心理负担和压力。

造成截肢的原因有很多,不同情况也会影响到截肢者对于体育参与的适应程度。

第一种是重度的外伤,这种情况,如果得到一定的治愈,积极的体育锻炼是帮助其机能迅速恢复的重要手段。

第二种是四肢的恶性肿瘤,体育参与要以医生指导或医疗检查为依据,要考虑到肿瘤的转移等问题,以避免适得其反的作用。

第三种是四肢的坏死,这是由于血管障碍引起的四肢坏死,原因也有多种,体育的实施要考虑循环机能的问题,并及时寻求医生的建议。

第四种是畸形、变形,这种往往会造成运动的障碍,同时也会降低身体机能的发挥和运行,积极的体育参与能让畸形或变形部位功能得到提升,也有利于身体机能的改善。

第五种是由于慢性炎症引起的,在感染严重危及生命的情况下,也会进行截肢处理。在创伤治愈后,体育参与也是以身体机能及功能恢复为主。

截肢学生如果安装了假肢,这有利于部分功能的提升,同时也有利于体育的参与,但也会出现关节的挛缩,造成关节活动受限。也有的会出现截肢处疼痛、溃烂、破损、肿胀等情况,影响体育活动和正常生活。

2. 关节炎、骨髓炎

骨和关节的炎症有多种可能性,开放性骨折后的病菌侵入、周围组织感染后的二次感染,或身体其他部分,如扁桃体炎症导致的感染等。关节和骨的感染,并不仅仅是引起关节和骨的炎症,也会引进局部组织或全身性状况的不适,带来行动上的不便。

在关节、骨病症期间,会出现强烈疼痛、肿胀、发热等不良反应,经过治疗可能会从急性期转为慢性期,但也会在病灶附近的肌肉或皮下组织形成瘢痕组织,肌肉萎缩、关节挛缩等症状,造成活动的严重障碍。

在炎症的急性期,原则上不适合运动,此时应该尽量停止运动。在慢性期,如果出现肿胀、排脓、发红等症状,在运动安排上,也要非常谨慎,尽量避开患部,以防止恶化,可以安排其他部位的练习,并且要及时听取医生的意见。

(三) 进行性的情况

比如结核性脊椎炎、龟背、结核性关节炎、侧弯症等。

1. 肌肉萎缩

肌肉的收缩、张弛的调整出现障碍,同时肌肉首先萎缩。产生原因有多种,比如肌肉细胞膜出现异常、神经传输出现问题等。主要有假性肥大型、肢体型。

出现这种症状的年龄也有很大差异,不仅引起肌肉的萎缩,肌肉间还会出现脂肪的蓄积,从外形看肌肉出现增大的现象,即假性肥大,这在小腿处经常出现。患者的站立、起立及行走都会出现困难,还可能影响坐姿的保持,引起日常生活活动的不便。如果进一步恶化,还会影响心肺等机能。肢体型也会造成肢体运动的障碍,但病情进展较为缓慢,有较好的治愈效果。

对于这种情况的学生,是否能够进行体育活动,还是需要医生的诊断,根据具体病情来判断。同时,应该接受相应的治疗和康复训练,可以进行适当的体育活动,在体育活动时避免四肢关节的挛缩,尽量保持或增强肌肉的力量,也为手术的治疗创造一定的条件。

2. 侧弯症

作为身体支持和运动轴心的脊柱弯曲变形,同时也常常伴随胸廓变形而引发相关病症。

这主要包括先天性及特发性的结构性侧弯,而其中特发性侧弯更为多见。常常表现为腰背部疼痛、易疲劳、胸廓变形引起的肺动力减弱等症状。

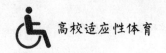
常用的治疗方法,包括对于不同弯曲表现的牵引、拉伸运动等。对于程度严重的变形,可以采取物理疗法或石膏固定的方法,另外就是采取手术治疗。

体育活动可采用游泳或全身性大肌肉群练习方式,配合医学治疗,可以起到较好的辅助作用。

(四)先天性畸形

足部是运动的重要结构,只要有轻微的不适,就可能影响正常的行走和运动。足部由 26 块骨和距小腿关节(踝关节)、跗骨间关节、跗跖关节、跖骨间关节、跖趾关节和趾关节组成。通过骨、关节和肌肉的配合,才能在不同路面进行调整,以适应人体行走或运动。因此,足部出现变形,如内翻足、外翻足、扁平足等就会造成足部运动的障碍。

内翻足是临床最常见的小儿足部畸形,其特点是足的前半部内收、内翻,跟骨内翻、跖屈、跟腱挛缩呈马蹄畸形等。呈现前足宽而厚,伴有内收畸形,患足 1～5 趾短缩,跟骨内翻,足跟窄小,足下垂或伴有空凹畸形,患足外侧缘向外成明显弧形改变,患肢肌肉萎缩,足部活动功能障碍,站立时足背中外部着地负重。

在体育活动时,快速地移动比较困难,往往需要借助手术、整形鞋、石膏矫正等手段改善功能。矫正期间,患部一般不适宜做活动,体育练习的目的主要是促进康复,提升整体身体协调性、肌肉平衡等运动能力和功能,可以采取主动练习和被动练习相结合的方式。因为在治疗中可能出现局部皮肤坏死、褥疮、血液循环障碍等并发症,需要在体育练习时格外留意。

(五)外伤等外因

1. 烧伤

根据烧伤的程度不同,可能会出现红肿、水疱、瘢痕,甚至肌肉坏死,特别在四肢部位,就可能引起运动的受限,尤其在关节部位,就会对四肢的伸展和活动造成障碍,从而影响相应活动的实施。

烧伤患者在病情稳定的情况下进行功能锻炼，越早越好，一般在烧伤后10天左右，局部水肿及疼痛明显减轻时即可开始；植皮部位在拆线后第2天开始功能锻炼，以主动锻炼为主，被动锻炼为辅，进行各关节的全方位运动。

入校的学生一般都是治愈中或治愈后了，主要以功能提升为主，所以以主动活动为主。主动活动可以预防和减轻各关节的功能障碍，增加体力，改善心肺功能。

（1）肘部

肘前烧伤者用手拉固定把手，利用自身体重产生牵拉作用；患肢提重物，可用以抗屈曲挛缩；手握把手伸展肘部，做前臂旋转运动。

（2）颈部

颈前烧伤者仰卧位时肩背下垫小枕头，俯卧位时抬头使颈部过伸；颈一侧烧伤者头向健侧倾斜和转动，或患者手提重物使肩关节向下牵拉，以增加患侧颈部过伸程度。

（3）手部

拇指尖掌面与其余四指指尖掌面做对掌运动；进行屈伸指、分指、握拳运动，利用健手帮助患手的掌指、指间关节做屈曲活动；预防双手指蹼瘢痕，可以左右手指交叉插入按压；双侧虎口烧伤者可用左右拇指交叉插入虎口按压；站立位手掌放置在桌面上，靠体重下压，使腕背曲或将第2～5指背放置在桌面上，进行掌指关节屈曲运动。

（4）膝关节及足部

俯卧位膝关节伸直使腘窝伸展；站立时背部贴墙壁，足跟着地，从而牵拉瘢痕；或做屈膝活动，或单腿站立，用毛巾置于患肢小腿下1/3处，用手向下提，使膝屈曲，并练习下蹲；仰卧位或坐位进行足背屈、外翻、内翻活动，站立位应穿平底鞋，使足跟踩地，以预防足部瘢痕。

（5）髋部及臀部

仰卧位做下肢外展活动，或下肢屈曲抱膝动作，或下肢抬高运动；站立位做下肢后伸运动，或抬高患肢，用手帮助进行压腿运动，或下蹲以牵拉瘢痕。

被动锻炼就是依靠别人通过按摩、推拿、牵拉等方法，使关节恢复一定

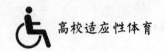

的活动度,为主动活动创造相对宽松的活动环境。烧伤瘢痕硬韧、缺乏弹性,严重制约着关节活动。因而对烧伤患者来讲,按摩是被动活动的主要措施。因此,教师、同学的帮助或志愿者的加入,对于适应性体育教学来说就非常重要了。

注意事项:

(1)主动活动应从出现紧缩的愈合皮肤开始,不要集中在同一部位,可以在不同部位进行,活动幅度从小到大,次数由少及多,循序渐进,活动范围逐渐扩展到疼痛部位,而不要一开始就从疼痛部位开始,应有必要的过渡。

(2)被动活动如果是浅度烧伤,可以从第10天左右开始,手术患者则要晚点,大概2周后开始。

(3)对于学生和志愿者的帮助,比如被动活动、按摩等,需要讲清注意事项,并教授必要的技能和知识。

(4)对于残障学生,也要把活动的意义和作用讲解清楚,以调动他们自身的积极性,并主动配合。因为一些练习会带来疼痛感,并需要一定的时间,所以需要有一定的毅力和信心。

2. 其他原因造成的外伤

残疾学生由于自身原因可能导致特定的身体姿势,比如行走姿势、坐姿、固有姿态等,长此以往就可能造成特定部位负担的加重,从而引起疼痛、变形、萎缩、磨损、拉伤等问题。

体育活动可以采用游泳、补偿训练、矫正训练等方式,通过减轻、缓解、提升、促进等多种途径和手段,提高残疾学生的机体功能及运动能力,最大限度地帮助他们能够独立胜任日常的学习和生活。

二、肢体残疾学生体育参与基本训练与测试

残疾学生由于前面所述的各种原因,其活动能力总体而言是受到限制的,从以往国内外的调查数据也可以看出,在大部分的测试中,残疾人的数据,比如力量、柔韧性、速度、耐力、反应、关节灵活性等方面,低于普通人的

数据。针对残疾学生,我们要掌握一些最基本的训练方法,这些训练方法有时也可以成为教学、训练和康复等测试的内容和手段。当然这些训练方法是普遍性的,具体应用时,需要根据学生情况进行筛选或调整。

1. 足部

初级训练包括:

➤ 提踵,可以无支撑进行,也可以扶墙或椅子等进行。

➤ 用脚趾夹小东西,可以是塑料、木质的小棍或其他形状,用脚趾夹住,放入杯中或从一个地方移动到另一个地方。

➤ 用脚外侧行走,如果不能站立测试,也可以坐在轮椅上进行,但需要进行特殊的准备。

➤ 脚的内旋、外旋、内收、外收以及绕环。

中级训练包括:

➤ 原地走,节奏逐渐加快或改变,时间逐渐增加。

➤ 提踵半蹲,练习时可以手扶支撑物进行练习,可以增强腿部力量,并有助于拉伸跟腱。这个需要根据残疾学生的个体进行调整,幅度、次数、是否提踵等都可以改变,另外,如果困难,还可以背靠墙或辅助下进行。

➤ 分腿跳,速度、时间、节奏可以逐渐变化,幅度也可以调整,有困难者,也可以改为半边开合练习,即一脚支撑固定,另一脚跳或开合练习。

➤ 功率自行车,这个比较有灵活性,座椅高度、速度、难度、时间等都可以调节,对于单侧上、下肢的残疾学生是个不错的选择。可以增强力量、速度、耐力、平衡性,对于改善足部也能有很大帮助。

高级训练包括:

➤ 游泳,这个项目具有很大的适用性,很多残疾学生都可以参加,特别在水中,残疾学生的负重大大降低,如内翻足、外翻足,在游泳练习时,那种在地面行走的障碍将大大减轻。

➤ 形体训练,这对于提高平衡性、力量、柔韧等都有好处,另外,也可以增强节奏感以及身体姿势,对于提高残疾学生的自信心也非常有效。

➤ 跳绳,跳绳可以根据残疾学生具体情况,可以降低练习的难度,比如

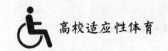

将跳变为跨跳;将连续地跳,变为间断地跳;跳绳也可以用硬质的圈代替,这样协调性不好或上肢关节等有问题的学生,可以将动作放慢,一下一下地做,也增加了练习的乐趣和信心。

➢ 慢跑或慢走,尽量在柔软的地面进行,以减轻对残疾学生的负担。同样,在节奏、时间、动作幅度等方面,都可以进行调整以适应学生的需求。

2. 颈、肩、腕的训练

初级训练包括:

➢ 颈部运动,颈部的各种屈、伸、转运、绕环等运动。

➢ 肩部运动,肩部的提、转、展、收、绕环等运动。此时尽量不借助外部器材,以自身施力为主,如手放于头后,将头部轻轻向下拉。或双手置于头后,然后做展胸练习。

➢ 腕部练习,手指的对压,也可以进行转、收、伸、绕环等运动。也可以面对墙壁,手扶于墙,做腕部练习,通过改变身体与墙面的夹角,调整练习的难度。

中级训练包括:

➢ 俯卧撑,这个可以根据残疾学生具体情况进行多种方式的练习,比如减轻负担的跪式俯卧撑;宽撑、窄撑;对于上、下肢单侧残疾的学生可以借助辅助工具,帮助身体平衡。俯卧撑是个综合性练习,能够帮助残疾学生提升身体平衡性、肌肉协调、腕部力量等。

➢ 斜拉,这种练习也可以根据残疾学生身体情况采用多种方式,通过改变身体与地面的角度、杆的高度等调整练习难度和练习重点。这也是综合性练习,对于躯干力量、颈部支撑、手腕及上肢力量都有较好的作用。

3. 腰部及下肢训练

初级训练包括:

➢ 坐位俯背、转体,可以采用分腿、直腿、俯背、转体等不同练习方式,进行相关的拉伸及柔韧、力量训练。这对于缓解肌肉紧张、补偿功能的练习都有益处。

➢ 坐位,脚心相对,两腿分开,向地面按压膝关节。按压的力度、幅度、脚心相对的位置等都可以调整以适应不同残疾学生的身体状况。这对于相关关节的灵活性、促进关节功能恢复有一定的帮助。

中级训练包括:

➢ 半蹲,通过不同的方式,加强膝关节、踝关节及腿部力量,对于平衡力也有一定锻炼。对于盲、聋等身体状况比较良好的学生,可以适当进行负重训练,但需要有辅助人员,以确保安全。

4. 基本机能测试

对于残疾学生的测试和普通学生还是有区别的,对于普通学生,我们常常说是素质测试,但这些基本的身体素质对于残疾学生来说,却往往成为其身体活动能力的重要支撑,是其机能发挥的重要部分,因此在这称为机能测试。

对于肢体残疾的学生而言,躯干肌群常常起到支撑和补偿作用。因此,我们在做前面的基本训练时,需要对其躯干肌群进行简单测试。

➢ 腹肌力量测试

这个测试可以分成两种,采用仰卧位,双手扶于头后(具体根据学生残疾情况而定),根据残疾学生条件,可以帮助固定。一种是直腿测试;一种是屈腿测试。并根据完成情况划分为以下四个评价标准:

A. 只能抬起头部;

B. 上体能够抬至肩胛骨部位,离开地面;

C. 腰椎离开地面,上体与地面夹角可以达到45度;

D. 上体完全抬起,与地面垂直。

➢ 腹肌耐力测试

A. 屈腿,上体抬至与地面25度左右,保持60秒;

B. 仰卧,直腿上抬至与地面25度左右,保持60秒;

C. 直腿,上体抬至与地面25度左右,保持60秒。

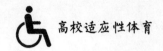

➤ 背肌测试

A. 俯卧,双手扶于头后(或视具体情况而定),上体抬至与地面25度左右,保持60秒;

B. 姿势同上,双腿直腿向上抬至与地面25度左右,保持60秒。双下肢残疾学生根据截肢情况进行选择。

第三节　肢体残疾学生体育参与的可能效果与伤害

一、可能出现的伤害

适应性体育的目的就是充分调动残疾学生的主观能动性,让他们能够通过体育参与,得到锻炼、培养意识及身体机能的提升或康复。体育在这方面的作用也是显而易见的,但由于残疾学生的特殊性,所以如果我们只是看到体育有益的一面,而忽视了在参与中可能出现的问题,这无疑会对残疾学生带来不必要的伤害。因此,在适应性体育具体实施之前,有必要对可能发生的伤害有一定的认识。

伤害的发生,有时是突出性的,如受到主客观原因的影响而造成的伤害。另外就是隐蔽的,短时间内从表象很难一下观察到的,特别是对残疾学生的残疾状况认识不清时,更容易出现伤害事故。

1. 外伤

磕碰、扭伤、骨折、擦伤、撞伤等。除了一些意外,残疾学生自身的情况可能会导致平衡容易出现问题、用力及受力的不均衡、力量弱等,都易出现上述问题。

肢体残疾学生,四肢变形、痉挛、关节挛缩等,就可能造成摔倒,同时由于力量、平衡、协调等问题,比如在台阶上摔倒,对于上肢残疾的学生无疑会造成更大的伤害。因此,适应性体育必须有良好的无障碍设施配套,保证最大化地减少这些客观因素可能带来的伤害。同时,也要考虑到他们移动速度、反应速度等相对较慢,在一些器械练习时,就需要把安全因素考虑进去,器材的选用、练习的方式、包括场地等都要充分考虑。

2. 内伤

磨损、脱臼、肌肉拉伤、韧带拉伤等。例如穿戴假肢、长时间坐轮椅等,可能出现磨损、血液微循环不畅,导致淤青或褥疮等。而体育活动时突然的发力、超出关节范围的练习、受力的增加等都可能造成拉伤、脱臼等伤害,而习惯性脱臼也需要提前了解和把握。

3. 退行性伤害

典型的就是关节退行性病变,又称骨质增生,即骨的退行性病变,是关节炎的一种表现。本病的致病因素主要是由于机械应力分布失衡或负载过度引起软骨磨损所致。

肢体残疾学生中膝关节退行性病变比较常见,在早期无明显临床症状,但随着疾病病程的进展,可出现膝关节的肿胀、疼痛、活动受限,甚至畸形等症状,导致患者步行功能受限,进而影响患者的日常生活活动,降低患者的生活质量。膝关节退行性病变是不可逆的疾病过程,不能自愈或彻底治愈。临床上,可通过康复治疗,加强膝关节的稳定性;通过理疗,减轻局部的肿胀和疼痛,从而改善患者的症状,延缓疾病进展。

另外,骨刺是一种正常的骨骼生理退化现象,是人体的一种保护性生理反应,每个人都难以避免,但由于残疾学生的负重往往不均衡,活动多、负重大的关节就会较早地出现骨质增生,腰椎及下肢关节承重大,故往往是骨质增生最多发的部位。

4. 炎症

跟腱炎、疲劳性骨膜炎、网球肘等同样也易在肢体残疾学生中发生。

跟腱炎一般指跟腱急慢性劳损后形成的无菌性炎症。在运动过程中,小腿腓肠肌和跟腱承受了反复过度牵张力导致的。当跟腱在短时间内承受的压力过大时,可能会发生劳损、细微挫伤或撕裂,进而出现无菌

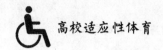

性炎症。身体没活动开或还没有调整好，就开始运动、锻炼过度、扁平足等都易发生跟腱炎。一般表现为足跟部上方的、内部的疼痛、酸痛、压痛、僵硬，活动后加剧。它可能发生在跟腱的任何一个区域，痛感通常会在清晨或者剧烈运动后的休息期间发作。肌腱两段受到挤压时会有强烈疼痛或者压痛。当病变恶化，肌腱会肿大，在病变区域出现结节。跟腱炎可进展为一种退化性疾病，称为跟腱退化变性，是指跟腱的结构出现异常，变得越来越脆弱和纤维化。另外，对跟腱的持续劳损或急性创伤可以导致跟腱断裂。如果出现这一后果，会对残疾学生的生活和学习造成更大的不便。

疲劳性骨膜炎易发生在初参加训练或训练量突然猛增的人，多发生在胫骨、腓骨、趾骨和尺桡骨。特别是单下肢残疾人学生，由于单一下肢受力时间过长，小腿肌肉在胫腓骨的附着点受到过分的牵拉和扯拽，刺激骨膜引起的无菌性炎症。对于刚刚参加运动的残疾学生，下肢的肌肉还不发达，缺乏弹性，跑跳时不能协调地收缩和放松，脚落地时，也不会利用缓冲力量或自身原因不能很好缓冲，致使骨膜反复受到牵扯和拉拽，或者没有做好准备活动，腿部的肌肉、肌腱比较僵硬，以及在硬地上跑跳时间过长，都容易引起这种损伤。症状表现为疼痛，轻者在练习后局部出现疼痛，大运动量训练后疼痛加剧，重者行走或不运动时疼痛。个别夜间痛，多为隐痛、牵扯痛，严重的有刺痛或烧着痛。或局部软组织有轻度凹陷水肿，或在骨膜上能摸到压痛点，从而导致运动障碍。

网球肘（肱骨外上髁炎）表现为肘关节外侧前臂伸肌起点处肌腱发炎疼痛。疼痛的产生是由于前臂伸肌重复用力引起的慢性撕拉伤造成的。患者会在用力抓握或提举物体时感到患部疼痛。特别对于轮椅学生，在用力时更加依靠手臂力量，而不能很好地借助全身发力，再加上手臂力量不足，就更容易出现网球肘。在检查时可发现桡侧腕短伸肌起点，即肘关节外上压痛。关节活动度正常，局部肿胀不常见。患者前臂内旋，腕关节由掌屈再背伸重复损伤机制时，即会出现肘关节外上疼痛。因此，在练习前，首先要让残疾学生学习必要的发力技术，尽可能学会借助身体的力量。另外就是增强力量训练和防护措施，尽可能避免伤害的发生。

二、体育参与的影响

通过体育参与,可以增加骨的密度,增强骨的承受力,增加肌腱和韧带的弹性和拉伸性能,也可以促进骨的生长。但不合适的强度和量反而会给残疾学生带来负面影响,这需要特别关注。

同时,有效的体育参与可以增强学生的机能,促进相关功能的提高,但由于残疾学生在身体结构、姿态等方面的特殊性,动作技术不能按常规来要求和练习,需要重新设计动作技术。

体育参与能够提高残疾学生的独立力,但需要辅助和支援的时候,必须进行考虑和安排。这不仅出于安全考虑,也是提高练习效果的重要因素。

体育参与是必要的,但不是万能的,一定要在体育参与的全过程中,与医生、康复人员、家人或管理人员等保持密切联系和沟通,及时掌握残疾学生身体状况,尽早发现问题、解决问题。

第四节　肢体残疾学生的适应性体育教学设计

一、肢体残疾学生适应性体育教学目标

教学目标是指教师为自己所要教的学生制订的教学活动实施的方向和预期达成的结果。适应性体育教学目标主要是在全面了解学生的现有水平、学习需要及学习能力的基础上,根据肢体残疾学生的实际,选择、制定适合于学生的教学目标,应该是指向具体学生的。

基于残疾学生的实际,在此采用美国著名教育学家、心理学家布卢姆等人对教育目标的分类,主要包括三个领域:认知领域、情感领域、动作技能。但在此结合适应性体育教学实际,给出一个新解释和界定。

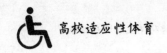

（一）认知领域的目标

在此依然按照布卢姆等人对认知领域教育目标的分类,分别是知识、领会、运用、分析、综合、评价。

1. 知识

知识包括特定事物的知识、处理特定事物的方式和手段的知识、学科领域内的普遍原理和抽象概念的知识等。

肢体残疾学生首先要掌握自己身体及残疾方面的知识,比如身体结构上与普通人的差异,身体机能的变化和改变,身体运动的可能性及注意事项,只有了解了自己的身体状况,在适应性体育教学时,学生才可能有意识、有目的地接受并主动参与体育教学与活动。

体育锻炼和康复的知识,残疾学生参与体育的主要目的之一就是通过参与体育,达成身体机能维持、恢复甚至提升的目的,能够胜任当前学习及生活所需,并为未来走向社会后的工作、家庭等奠定基础。因此,通过学校学习,掌握独立锻炼或康复的基本知识和技能,同时也学习合理地寻求帮助,并坦然接受必要的帮助。

残疾人体育及残疾人教育的知识,残疾学生应该要了解自身在社会中的定位,以及社会对于自己这一群体的认识。这一方面有利于他们清楚自己的权利,维护自己的利益。同时,也理解自己应尽的义务,更加懂得自己的价值和存在。另一方面也能更加深入理解残疾人体育及残疾人教育的重要性,自己在其中不仅是受教育者,也是传播者、推动者,更加清楚自己的责任,从而发挥主观能动性。

2. 领会

残疾学生往往缺乏体育参与的经验,因此,在实际体育教学或体育参与中,对于交流内容所包含的肢体语言和语言交流缺乏应有的理解。首先,就是能够把教师或同伴在体育参与中的信息及时转化为自己的信息,例如在动作完成或表现方面的信息能够转化为符合自己身体结构的信息,从而得以顺利完成。其次,就是能够对交流内容进行解释和理解,而不是盲目地模仿或机械地完成。最后,就是可以根据现有的条件和信息,推断或延伸出一定的趋势或趋向,做出灵活的应变和处置。

3. 运用

运用是指残疾学生无论在特定的教学情境中,抑或是在教学情境之外,都能够使用所学的知识自我锻炼、参与和康复的能力。

4. 分析

分析是指在遇到问题或突发情况时,能够快速处理和应对的能力。例如,在体育参与中能够快速对参与的项目、对象及自己的能力做出判断,并准确定位,快速融入并达成共识,从而完成既定的目标和任务。在遇到突发事件时,能够及时调整和处理,避免伤害或减轻伤害的发生。

5. 综合

这是认知领域的高级阶段,此时残疾学生已不仅仅满足于被动学习或简单的体育参与,而是能够建立良好的信息交流通道,能够把自己的观点、感受和经验传递给别人,获得充分的认可和理解。同时,也能建立良好的关系和合作,不仅是自己能够主动融入,别人也能够主动加入。此时的认知是对自己的定位、所处关系、可能的发展都有了较清晰的认识,并有相对明确的目标和目的。

6. 评价

评价包括内部判断和外部判断。内部判断是对自己运动能力、意识、身体状况的把握和认识,它可能是基于纵向的自身的前后对比,也可能是横向的、与同类群体或同伴的对比。外部判断是对一种关系、认可度的评价。比如是否建立了良好的协作关系或交流信任关系,自己的能力是否得到了外界的认可,是否得到了一定的心理满足或期望等。

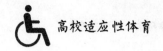

（二）情感领域的目标

情感领域的目标按照由简单到复杂的顺序分别是接受、反应、价值评价、组织、由价值或价值复合体形成的性格化。较高水平的目标包含并依赖于较低水平的情感技能。随着程度的加深，个体就会越用心、越投入，越依靠自己，逐渐让自己的情感、态度和价值观不再受别人的支配。

1. 接受

对于残疾学生来说，情感上的接受不仅是对自己残疾的接受，也包括对于外界新生事物的接受，特别是他们很少或不擅长的体育，他们需要从内心愿意接受、承受而不是回避，同时自觉或半自觉地把体育作为自己的注意对象进行选择和关注。

2. 反应

残疾学生的反应包括默认的反应，这基本还是一种被动的反应，当残疾学生初次接触适应性体育教学时，是内心的局促和不安的正常反应，甚至还会出现抵触现象。第二阶段是愿意的反应，是指通过适应性体育教学，残疾学生对体育教学和体育参与产生了一定兴趣，有了自觉性并愿意主动参与。最后就是满意的反应，是指残疾学生通过适应性体育教学，自己能够主动参与和学习，并能在这一过程中体会到满足感。

3. 价值判断

这里的价值判断主要指残疾学生在适应性体育教学和参与中，能够认可适应性体育的价值，并且当适应性体育能够给自己带来更多认同的价值后，残疾学生能够形成一定的价值偏好，从而指引学生的行为，并成为残疾学生的目标，比如健身目标、康复目标、积极融入等。而如果有些残疾学生能够把体育作为自己的爱好和追求，他就会全力以赴地为之努力，这也是适应性体育的最高追求。

4. 组织

组织是指残疾学生能够把以前的价值观念和通过适应性体育学习后重新建构的价值观念进行组织和整合,确定价值之间的相互关系,并最终确立支配作用的价值观念。这是适应性体育教学的重要作用,通过教学,让学生自觉地修正自己对体育的原有认识,并建立正确的体育价值观。

5. 由价值或价值复合体形成的性格化

这个阶段,残疾学生已形成稳定的价值观念,比如终身锻炼、终身体育的价值观,无论是否有外界约束,自己都能主动按照这个价值观去支配自己的行动,也就是形成了一定的体育意识,并内化为自己的自觉行为。

(三) 动作技能领域的目标

对于肢体残疾学生动作技能领域的目标,我们需要与传统体育动作技能学习区分开来,传统的技能学习包括泛化、分化、自动化三个主要阶段,动作由简至繁,强调动作完成的标准化和规范化。虽然现在普通学生的体育课,也有学者提倡"去技术"化,强调"体验式"学习,但肢体残疾学生动作技能学习和普通学生又有很大的区别,其核心内容应该是"活动化"或"生活化",体育学习应该能最大化地挖掘、发挥和提升他们身体的活动能力,目标指向更多的是残疾学生生活、学习及走向社会后的自理和独立。在此基础上,对于有这方面特长或追求的学生,在设计符合他们身体结构的动作技术基础上,可以提出更高的标准和要求,追求"更快、更高、更强",也为残疾人体育后备人才服务。

二、肢体残疾学生适应性体育教学设计、实施与指导

由于肢体残疾有多种分类,在此不可能对每一种类别都进行详细介绍。因此,本书只对典型事例进行分析和介绍,希望起到举一反三、抛砖引玉的作用。

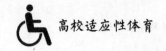

轮椅篮球：

轮椅篮球不需要特定的场地和器材，只是在设备（轮椅）上有一定要求，它不仅是残奥会项目，也是轮椅残疾人喜闻乐见的项目，在攻防练习中，对于身体整体机能的提升都非常有帮助，也有利于判断力、力量、协调性、敏捷性及团队合作意识的锻炼和培养。所以轮椅篮球作为一个集体项目，其所具备的竞争性和娱乐性，不仅仅适用于残疾人，也非常适合普通人的参与。

（一）注意事项

➤ 轮椅篮球所用轮椅虽然有特殊结构可以有效预防翻倒，但翻倒的几率在练习和比赛时，还是经常发生，特别是翻倒时要注意头部的保护，学会自我保护方式，避免手腕、肘和头部的伤害。另外，初学者养成佩戴安全帽、系好安全带的良好习惯。同时，在从普通轮椅转移到专用轮椅时，还是需要采取安全措施，防止意外发生。

➤ 对于身体调节或平衡感较差的学生，可以用安全带固定身体，保证合理的重心和姿势。

➤ 如果出现臀部麻痹的情况，特别是夏季，在使用褥疮预防垫的同时，也要及时处理，并注意练习时间。

➤ 提醒及时排尿、排便，避免出现问题，造成残疾学生自尊心的伤害。

（二）轮椅篮球用竞技轮椅基本规格

普通学生使用的轮椅不适用于练习及比赛，专用轮椅与普通轮椅有较大区别，学生自己配置会增加不必要的负担，所以有条件的学校，应该提供专用轮椅供学生学习时使用。

轮椅基本规格：

➤ 坐垫的厚度不能超过 10 厘米；3.5 分、4 分、4.5 分的运动员，其坐垫厚度不能超过 5 厘米。座位上不能附加任何木板或是坚硬的东西。坐垫要厚薄均匀，硬度可以对角折叠。

➣ 轮椅搁脚板前面的最高点距地面的距离不能超过 11 厘米。

➣ 为了保护地面,可以在搁脚板的下面安装一滚动轴。

➣ 轮椅座位两侧的支撑杆距离地面的高度不能超过 53 厘米(座面到地面的垂直距离)。

➣ 轮椅应有四个轮子,两个大的在轮椅的后面,两个小的轮子安装在轮椅的前面,包括轮胎在内,大轮子的最大直径为 66 厘米(26 英寸)。

➣ 每个轮子上必须要有一手轮。

➣ 轮椅的脚势下面必须安装有防止损坏比赛场地的保护装置。

➣ 轮椅上不允许安装动力装置、刹车和齿轮。

➣ 不允许使用黑色轮胎。

➣ 轮椅上的扶手和其他的上体支撑装置不能超过运动员自然坐在轮椅时的腿和躯干的长度。

(三) 基本规则

轮椅篮球没有两次运球违例,但场上队员持球移动时,推动轮椅 1~2 次后就必须拍球一次或多次,或传球、投篮。比赛时,运动员的脚不能触击地面,臀部亦不能离开轮椅。运动员在推动轮椅的同时运球,或推动与运球交替进行。球放在腿上时,不能夹在两腿之间,每推动轮椅一次或两次,必须运球一次,否则即违例。由轮椅倾斜造成除轮胎以外任何部位触及地面算违例。当运动员摔倒在场上,未经裁判允许,服务人员不得进入比赛场地。

(四) 轮椅篮球适应性体育教学设计

适应性体育教学设计主要考虑两方面:一方面是教学与残疾学生自身之间的"适应",另一方面是残疾学生与外界之间的"适应"。从第一方面出发,我们首先要考虑的是对残疾学生进行相应的测试,并根据测试情况安排相应的锻炼、康复及教学。

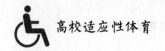

1. 运动能力测定

(1) 肌力测定

徒手肌力检查(manual muscle test,MMT)通常采用 Lovett 的 6 级分级法,如果 Lovett 肌力分级不能准确地表达肌力情况,可以在此基础上用"+"或"—"进一步细分,具体如表 2、表 3 所示。

表 2　MMT 肌力分级标准(Lovett)

级别	名称	标　准	相当于正常肌力的百分比(%)
0	零(zero,O)	不可测知的肌肉收缩	0
1	微缩(trace,T)	有轻微的收缩,但不能引起关节活动	10
2	差(poor,P)	在除重力状态下能做关节全范围运动	25
3	尚可(fair,F)	能抗重力做关节全范围运动,但不能抗阻力	50
4	良好(good,G)	能抗重力、抗一定阻力运动	75
5	正常(normal,N)	能抗重力、抗充分阻力运动	100

表 3　MMT 详细分级标准

级别	标　准
0	无可测知的肌肉收缩
1	可触及肌肉的有轻微收缩,但无关节运动
1+	解除重力影响,可完成全关节活动范围的 50% 以下
2−	解除重力影响,可完成全关节活动范围的 50% 以上,但不能达最大活动范围
2	解除重力影响,可完成全关节活动范围的运动
2+	抗重力时,可完成最大关节活动范围的 50% 以下
3−	抗重力时,可完成最大关节活动范围的 50% 以上,但不能达最大活动范围
3	抗重力时,完成全关节活动范围的运动
3+	抗重力时,完成全关节活动范围的运动,且在运动末可抗轻度阻力

（续表）

级别	标 准
4⁻	抗中度阻力,可完成最大关节活动范围的50%以上,但不能达最大活动范围
4	抗中度阻力,完成全关节活动范围的运动
4⁺	初、中期能对抗的阻力同4级,末期能对抗5级的阻力
5⁻	抗最大阻力,可完成最大关节活动范围的50%以上,但不能达最大活动范围
5	抗最大阻力,完成最大关节活动范围的运动

使用轮椅的残疾学生的手法检查主要包括躯干和上肢肌肉,详见表4、表5和表6。

表4 躯干主要肌肉的手法检查一

肌肉名称	检查与评定		
	1级	2级	3、4、5级
斜方肌菱形肌	坐位,臂外展放在桌上,试图使肩胛骨内收时可触及肌肉收缩	同左,使肩胛骨主动内收时可见运动	俯卧,两臂抬起,使肩胛骨内收,阻力为将肩胛骨向外推
前锯肌	坐位,一臂向前放在桌上,上臂前伸时在肩胛骨内缘可触及收缩	同左,上臂前伸时可见肩胛骨活动	坐位,上臂前平举,屈肘,上臂向前移动,肘不伸,向后推的阻力加于肘部
斜方肌上部肩胛提肌	仰卧,试图耸肩时可触及斜方肌上部收缩	同左,能主动耸肩	坐位,两臂垂于体侧,耸肩向下压的阻力加于肩锁关节上方

表5 躯干主要肌肉的手法检查二

肌肉名称	检查与评定				
	1级	2级	3级	4级	5级
腹直肌	仰卧,抬头时触及上腹部腹肌紧张	仰卧,能屈颈抬头	仰卧,髋及膝屈,能抬头及肩胛部	同左,双手前平举坐起	同左,双手抱头后能坐起

87

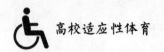

(续表)

肌肉名称	检查与评定				
	1级	2级	3级	4级	5级
骶棘肌	俯卧,抬头时能触及其收缩	俯卧时能抬头	俯卧,胸以上在床缘外下垂30°,固定下肢,能抬起上身,不能抗阻	同左,能抗中等阻力	同左,能抗较大阻力

表6 上肢主要肌肉的手法检查

肌肉名称	检查与评定		
	1级	2级	3、4、5级
三角肌中部冈上肌	仰卧,试图肩外展时可触及三角肌收缩	仰卧,上肢放滑板上,肩可主动外展	坐位,肘屈,肩外展至90°,阻力加于上臂远端
肩胛下肌大圆肌	俯卧,上肢在床缘外下垂,试图肩内旋时在腋窝前、后壁可触及相应肌肉收缩	俯卧,肩可主动内旋	俯卧,肩外展,肘屈,前臂在床缘外下垂,肩内旋,阻力加于前臂远端
肱二头肌肱肌肱桡肌	坐位,肩外展,上肢放在滑板上,试图肘屈曲时可触及相应肌肉收缩	同左,肘可主动屈曲	坐位,上肢下垂,前臂旋后或旋前或中立位,肘屈曲,阻力加于前臂远端
旋前圆肌旋前方肌	俯卧,肩外展,前臂在床缘外下垂,试图前臂旋前时可在肘下、腕上触及肌肉收缩	同左,前臂可主动旋前	坐位,肘屈90°,前臂旋后位,做前臂旋前,捏住腕部施加反向阻力
尺侧腕伸肌	坐位,前臂旋前45°,试图腕背伸及尺侧偏时可触及其止点活动	同左,前臂旋前45°,可见大幅度腕背伸及尺侧偏	同左,前臂旋前,腕背伸并向尺侧偏,阻力加于掌背尺侧
桡侧腕屈肌	坐位,前臂旋前45°,试图腕背伸及桡侧偏时可触及其止点活动	同左,前臂旋前45°,可见大幅度腕掌屈及桡侧偏	同左,前臂旋前,腕向掌侧屈并向桡侧偏,阻力加于大鱼际

在肌力超过 3 级时,要做更为细致的定量评定,须用专门器械做肌力测试。主要方法有以下几种:

等长肌力检查(isometric muscle test,IMMT),即在标准姿位下用特制测力器测定肌肉等长收缩所能产生的最大张力,此时肌肉收缩产生张力,但关节无明显屈伸运动。常用的测试器械包括拉力计、等速测力器、握力计、捏力计等,对背拉力、握力、捏力、四肢肌群进行测试。

等张肌力检查(isotonic muscle test,ITMT),是指肌肉克服阻力做功收缩,牵动相应关节做全幅度运动时,所克服的阻力不变。它只适用于 3 级以上的肌力。只能完成 1 次运动的阻力,称为 1 次最大阻力(repetition maximum,RM),能完成 10 次连续运动的阻力称为 10 次最大阻力(10RM)。

等速肌力检查(isokinetic muscle test,IKMT)是用等速测力器测试,等速运动是在整个运动过程中运动速度保持不变的一种肌肉收缩运动方式,运动时受试者用力越大,仪器提供的阻力也越大,反之亦然。

肌力测定主要测试残疾学生在运动时肌肉或肌群的力量,并评定肌肉功能是否损害或损害的范围和程度,选择肌力练习方法和负荷量,评估教学、康复、锻炼的进展。

(2) 关节活动度

对于坐轮椅的残疾学生而言,上肢和躯干的活动情况也各不相同,对于轮椅篮球的学习也会面临不同的困难,所以有必要进行关节活动度测试,以便因材施教。

关节活动度(range of motion,ROM)即关节的活动范围,指关节活动时可达到的最大弧度。其也分为主动和被动两类。主动的关节活动范围是指作用于关节的肌肉随意收缩使关节运动时所通过的运动弧;被动的关节活动范围是指由外力使关节运动时所通过的运动弧。

测试仪器最常用的是通用量角器,量角器由一个带有半圆形或圆形角度计的固定臂及一个移动臂组成,两臂在半圆仪圆心位置用铆钉固定,称为轴心。评定时首先将待测关节置于检查要求的适宜姿势位,使待测关节按待测方向运动到最大幅度,使量角器轴心对准该待测关节的骨性标志或关节轴心,固定臂和移动臂分别与关节两端肢体纵轴平行,然后读出关节所处角度。如表 7 所示。

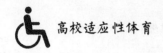

表7　关节活动度检查

关节	运动	检查体位	量角器轴心	固定臂	移动臂	正常活动度
肩	屈、伸	坐或立位,臂置于体侧,肘伸直	肩峰	与腋中线平行	与肱骨纵轴平行	屈 0°~180° 伸 0°~50°
	外展	同上	同上	与身体中线平行	同上	0°~180°
	内旋 外旋	仰卧,肩外展90°,肘屈90°	鹰嘴	与腋中线平行	与尺骨平行	各 0°~90°
肘	屈、伸	仰卧,坐或立位,臂取解剖位	肱骨外上髁	与肱骨纵轴平行	与桡骨平行	0°~150°
	旋前 旋后	坐们,上臂置于体侧,屈肘90°	中指末端	与地面垂直	平行于掌心横纹	各 0°~90°
腕	屈、伸	坐或站位,前臂完全旋前	尺骨茎突	与前臂纵轴平行	与第二掌骨纵轴平行	屈 0°~90° 伸 0°~70°
髋	屈	仰卧或侧卧,对侧下肢伸直	股骨大转子	与身体纵轴平行	与股骨纵轴平行	0°~125°
	伸	侧卧,被测下肢在上	同上	同上	同上	0°~15°
	内收 外展	仰卧	髂前上棘	左右髂前上棘连线的垂直线	髂前上棘至髌骨中心连线	各 0°~45°
膝	屈、伸	俯卧、仰卧或坐位	膝关节或腓骨小头	与股骨纵轴平行	与胫骨纵轴平行	屈 0°~150° 伸 0°

关节活动度测量时,体位的选择,尽量将解剖学立位时的姿位定为0°;检查者与受测者体位要正确,必要时采用特殊体位;受检关节应尽量暴露;不宜在关节活动锻炼或康复治疗后测试,将影响数据准确性;测试操作要统一,提高检查的可重复性和客观性。

(3)平衡及协调功能测定

轮椅篮球要求残疾学生有一定平衡协调能力,否则会给练习带来不便,同时也会增加翻倒等危险的发生几率,所以根据学生情况需要进行平衡和协调功能测定。

A. 平衡功能评定

主要目的是预测残疾学生在进行轮椅篮球时发生翻倒的危险性;确定

学生是否存在平衡功能障碍及引起平衡障碍的原因；是否需要治疗或进行个体化教学。

平衡分为静态平衡和动态平衡两种：

静态平衡即人体处于某种特定姿势，如坐或立位等姿势时保持稳定状态的能力，表现为肌肉的等长收缩。

动态平衡包括自动动态平衡，即人体在进行各种自主运动，能重新获得稳定状态的能力；他动还是补动动态平衡，即人体对外界的干扰，如推、拉等产生的反应，能够恢复稳定状态的能力，表现为肌肉的等张收缩。

评定方法：

对于参加轮椅篮球的学生一般先采用观察法进行鉴别。

➤ 坐位平衡：在静止状态下能否保持平衡。

➤ 在活动状态下能否保持平衡，如坐位进行移动，是否能按指定路线准确完成，同时保持身体姿态的稳定。

如果观察法不能得到满意的测试结果，也可以用 Berger 平衡量表（Berger balance scale，BBS）进行测试和评分，但 BBS 中包括的站起、独立站立、闭眼站立、双足交替踏台阶等不适用于轮椅学生测试，可以进行筛选测试，作为测评参考。有条件的学校也可以利用平衡测试仪评定。

B. 协调功能评定

协调（coordination）运动以适当的速度、距离、方向、节奏和力量为特征，与平衡也密切相关，在轮椅篮球中发挥着重要作用。对其进行评定，也是为教学和治疗提供依据。

➤ 指鼻试验，让患者肩外展 90°，伸直位，然后用示指指尖指鼻尖。

➤ 指—指试验，患者与检查者面对面，检查者将示指举在学生而前，让学生用自己的示指指尖触检查者的示指指尖。

➤ 拇指对指试验，让学生先双肩外展 90°，伸肘，再向中线靠拢，双手拇指相对。

➤ 示指对指试验，让学生先双肩外展 90°，伸肘，再向中线靠拢，双手示指相对。

➤ 对指试验，让学生将拇指依次与其他各指尖相对，并逐渐加快。

➢ 握拳试验，交替地用力握拳和充分伸张各指，并逐渐加快。

➢ 旋转试验，上臂紧靠躯干，屈肘 90°，掌心交替向上或向下，并逐渐加快。

➢ 拍手试验，屈肘，前臂旋前，在膝上拍手。

➢ 画圆试验，学生用上肢在空中画出想象中的圆。

➢ 轮替试验，学生屈肘 90°，双手张开，一手向上，一手向下，交替变换，并逐渐加快。

评分标准：5 分为正常；4 分为轻度障碍，能完成，但速度和熟练程度比正常稍差；3 分为中度障碍，能完成，但协调缺陷明显，动作轻，不稳定；2 分为重度障碍，只能开始动作，而不能完成；1 分为不能开始动作。

2. 教学计划的制定、组织和实施

适应性体育教学根据课程内容会划分成具体的单元和课时，一般以单元的形式加以组织，以课时的形式具体实施。

(1) 单元设计与单元计划的制定

单元设计是指把单程的教学内容按照一定的组织方式，组合为若干单元。单元设计需要说明若干单元的整体结构及关系，还要说明每个单元的教学目标和教学内容。

● 单元设计的基本程序：

➢ 了解课程的整体结构、课程目标、课程内容

➢ 了解学生的基本情况

➢ 决定课程内容的组织原则

➢ 决定单元教学课时数

➢ 单元设计，把课程内容、目标组织成若干单元，并说明每个单元的内容和目标。

● 单元计划的基本要素包括：

➢ 教学对象

➢ 单元名称

➢ 教学周数

➤ 教学目标
➤ 教学内容概要
➤ 所需教学资源
➤ 单元目标达成的评价
● 单元计划的制定：

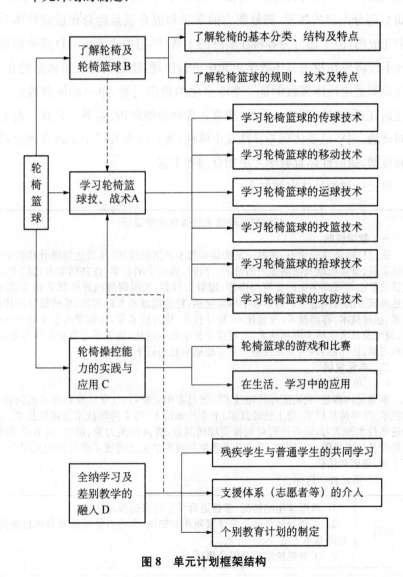

图 8　单元计划框架结构

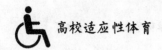
单元计划的框架结构，如图 8 所示，主要包括 A、B、C、D 四个部分，传统意义的教学单元设置，一般是包括 A、B 两个单元，但适应性体育教学的单元设计就必须考虑全纳、融合和发展。因此，整体的单元计划还包括 C、D 两部分，但 C、D 部分不是按传统教学模式进行单独安排，而是采用综合化的模式进行，一部分内容将融合在 A 部分中，体现在具体的单元教学之中，比如 C 部分内容的体现，部分能力的学习和提升就是融合在适应性体育教学中完成的，但一部分内容将在实际的生活、学习中去实践。D 部分所包含单元不仅需要在校内具体教学单元中进行体现，还需校外支援体系的介入，这也说明适应性体育教学是一个综合化的教学过程，单一的体育教学是不能达到真正的"适应"的。另外，要真正理解全纳的内涵，并不是在一起上课就叫全纳，同样也要体现差异性及个体性，也正因为有了全纳教育理念的融入和贯彻，适应性体育教学才更加合理和丰富。

单元计划的具体案例如下：

《轮椅篮球》适应性体育教学设计

一、教学说明

通过轮椅篮球的学习，掌握一定的运动技术及活动技能，从而达到提升残疾学生身体素质、身体机能及活动能力的目的。同时，通过全纳教学，在共同学习过程中，促进普通学生与残疾学生的交流与协作，理解与包容，加强课堂内外的联系和互动，最终达成双方的共同进步。具体教学单元包括：轮椅篮球基本的常识、轮椅篮球的传球技术、运球技术、移动技术、投篮技术、拾球技术、攻防技术等，让教学与学生的身体康复、锻炼及日常生活实际相联系，实现课堂教学的生活化，培养学习良好的体育意识、锻炼习惯、协作能力，为现在及将来更好地适应社会打下基础。

二、单元说明

（一）单元教学内容

本单元内容是"轮椅篮球传球技术"，通过本单元学习，让学生掌握基本的胸前传球技术、反弹传球技术、肩上传球技术、下手传球技术、勾手传球技术及接球技术。借助这些技术的学习，培养他们对轮椅篮球的兴趣，提高相关力量、速度、关节活动度、平衡性及反应等能力。同时，通过普通学生与残疾学生之间技术学习的相互配合，加深了解、理解和信任。

（二）单元教学目标

知识	1. 根据学生的情况，掌握适合学生特点的技术动作 2. 了解身体机能及身体素质相关知识，学习身体锻炼及身体机能提升的基本方法 3. 了解轮椅结构及安全事项

能力	1. 学习基本的操控能力 2. 提升身体运动能力 3. 学习沟通、协作能力
情感	1. 培养学习的兴趣，增强体育参与的动力，提升康复的信心 2. 增进了普通学生与残疾学生的理解和信任

（三）教学策略

➢ 分层教学：根据残疾学生及普通学生情况分层设定教学目标和教学活动。

➢ 实际操作：通过实际操作、游戏、比赛等形式掌握学习（活动）内容。

➢ 生活化情境：配合课内、外生活、学习活动经验，进行不同体验。

➢ 个别化教学：对于个别学生设定个别化教学目标和内容。

三、整体教学安排

通过不同单元的学习，采用垂直单元或水平单元设计，掌握轮椅篮球的基本技术和战术，并将生活化的操控能力、活动能力的培养贯穿在每个单元学习之中，并设定内容，促进学生间充分地协作和配合。

四、各单元具体目标和安排

前面说过，对于残疾学生而言重要的是通过技术的学习和练习去提升自身的活动能力，包括前面所涉及的力量、关节活动度、协调性平衡感等，甚至也包含一些康复内容在其中，促进其恢复或康复。

A. 运动技术的适应性学习

传球技术	适应性学习目标	练习方式
➢ 胸前传球 ➢ 反弹传球 ➢ 下手传球	➢ 两肘稍微分开，五指分开，两拇指成"八"字，以指根部位触球，出球时伸臂拨腕。（但对于关节活动度受限的学生不做特别要求） ➢ 提升躯干及手臂手腕的协调配合能力、稳定性、力量及平衡感 ➢ 肘关节不要过于弯曲 ➢ 平衡性好的学生可以将身体重点朝一侧偏移，提升传球的幅度 ➢ 练习可以提升肩、腕的灵活性，同时对手臂及异侧躯干肌群有一定要求，可以针对性进行练习	➢ 对传练习 学生面对面，距离由近及远，由单一直线，变为不同弧度、不同线路的传球，随着熟练程度，可以增加防守练习，增强移动、反应等综合能力。

95

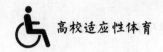

（续表）

传球技术	适应性学习目标	练习方式
➤ 肩上传球	➤ 有损伤的学生应注意动作的幅度、力度和次数 ➤ 要防止肩部后倒造成轮椅翻倒 ➤ 可以提升肩关节灵活度,对腹部及上臂肌群有一定要求	➤
➤ 勾手传球	➤ 上体尽量抬起 ➤ 为了保持上体平衡,非持球手扶牢轮椅 ➤ 要求躯干有良好的控制能力、平衡能力及协调能力	
➤ 接球	➤ 平衡性不强的学生在接球时容易失去平衡,需要注意 ➤ 肩部损伤的学生避免接高球 ➤ 练习学生的反应、协调及手指灵活性	➤
		★ ➤ 在练习时的初级阶段,可以由志愿者、教师或普通学生进行辅助练习。 ➤ 在残疾学生基本掌握后,普通学生可以坐轮椅共同练习。 ➤ 普通学生进行轮椅练习时,会出现站立等危险动作,应强调注意。 ➤ 对个别功能存在障碍或在康复期的学生,可用轻的排球代替练习,降低练习难度。

96

B. 移动技术的适应性学习

移动技术	适应性学习目标	练习方式
➢ 起步	➢ 推动轮椅时,动作要干净利落,尽可能用最少次数提升速度 ➢ 练习上肢、躯干力量以及相应关节灵活性	➢ 听哨声进行变向及加速
➢ 加速	➢ 体会爆发性用力 ➢ 加强躯干稳定性,上肢力量及协调用力	
➢ 制动	➢ 能迅速判断制动时机并做出快速反应 ➢ 增加视野,练习反应能力、应变能力	➢ 利用跑圈,进行快速变向和移动练习
➢ 变向	➢ 体会利用身体重心的移动配合制动完成变向练习 ➢ 练习平衡能力、协调能力、躯干肌群与上肢肌群的协同能力及相应力量	★ 要求同前

C. 运球技术的适应性学习

运球技术	适应性学习目标	练习方式
➢ 单手运球,单手进行轮椅操作	➢ 体会移动轮椅与运球的协同 ➢ 练习平衡及协调能力,轮椅的操作能力	➢ 不移动轮椅的单一运球练习,提高控球能力 ➢ 边运球边向任意方向移动 ➢ 一人运球,一人抢断 ➢ 利用场地进行运球练习
➢ 运球与移动的交互技术	➢ 根据轮椅篮球规则,体会运球与移动的交替技术 ➢ 提升运球速度 ➢ 练习节奏变换,时空转换及反应能力	 ★ ➢ 具体练习时可让教师、志愿者、普通学生协助练习 ➢ 协调好普通学生自己练习与协助练习的关系

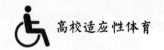

D. 投篮技术的适应性学习

投篮技术	适应性学习目标	练习方式
➤ 双手投篮技术	➤ 理解基本的投篮技术,但不强调动作的标准和规范,而是根据学生情况选择最适宜的投篮动作 ➤ 尽量面对球篮,易于发力,避免受伤	➤
➤ 单手投篮技术	➤ 练习协调用力能力,提高成就感	➤ ★ ➤ 普通学生可尝试用正常及轮椅两种方式进行练习

E. 拾球技术的适应性学习

拾球技术	适应性学习目标	练习方式
➤ 练习从地板拾球技术	➤ 掌握利用轮子转动将球从地板拾起技术 ➤ 左右两边都能快速拾球 ➤ 学习灵活操控轮椅的能力,提升左右控制的协调能力	➤ 篮球静止,转动轮椅拾球 ➤ 移动篮球,拾起静止的篮球 ➤ 不同的组合,进行移动中的拾球练习 ★ ➤ 初学时可以让教师、志愿者或普通学生帮助缓慢推动轮椅,进行拾球练习 ➤ 普通学生练习时也可以让其他同学辅助练习 ➤ 最后是双方共同练习

F. 攻防技术的适应性学习

	适应性学习目标	练习方式
➢ 攻防技术	➢ 因为轮椅不能直接横向移动，因此在防守时，需要迅速做出向前、转向、后退等动作，并全面观察球场情况 ➢ 同样，进攻时需要运球、摆脱、传球等，对学生提出了更高的要求 ➢ 提升观察、判断、应变及操控轮椅的能力	➢ 由 1 对 1 练习，过渡到 2 对 2、3 对 3、5 对 5 练习 ➢ 普通学生采用正常进攻技术、防守技术与残疾学生进行配对练习 ➢ 普通坐轮椅与残疾学生配对练习

通过技术学习，最终期望达成的目的和目标主要体现：

首先，我们强调技术学习的"生活化"，这种生活化就是针对残疾学生在实际学习、生活中可能面对的困难及学生身体机能提升或康复的需求，将这种需求融入技术学习之中，达到学以致用的目的。即通过适应他们需求的体育教学，提升他们多方面的能力，最终达成对于学习、生活的自理和独立。

其次，适应性体育要尽可能把全纳教育的理念贯彻到体育教学之中，创造一切可能的条件让残疾学生真正融入正常环境之中，让普通学生与残疾学生有交流沟通的机会，加深彼此的认识和理解。

最后，基于上述两点考虑，在适应性体育教学中要处理好普通学生与残疾学生在学习进度、内容、兴趣、评价等方面的矛盾和关系，这就涉及教学内容、教学方式、教学手段的选择，教学组织与实施，设施环境等一系列问题。因此，下面就一些重点问题继续进行分析和讨论。

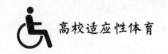

（2）适应性体育课时计划的设计

课时计划就是常说的"教案"，即教师对一节课所做的教学计划，这也是适应性体育实施的具体环节，通常包括教学目标、教学内容、教学方法、教学资源、时间分配和教学过程等几个要素。

课时计划类型多样，从不同的目的出发可以划分成不同的类型。对于适应性体育教学来说，主要是个别教学课时计划和集体教学课时计划。

集体教学课时计划是最常用的教学计划，在面对的人数，上课的效率，以及互动性上更能体现体育教学的特点和优势。但实际教学中，特别是残疾学生的个体差异非常明显，个别学生无法胜任集体教学，这时就需要进行个别教学课时计划，针对个别学生进行个体化教学。

适应性体育课时计划的设计要素如下：

1）教学说明

适应性体育课时计划不同于一般的课时计划，对于学生情况、教学内容及学生已有基础等，都需要在计划前详细了解和说明，这是教学顺利开展的前提。

① 学生基本情况

这部分主要对本班残疾学生的残障类型、程度、人数、接受能力、活动能力、注意事项等进行简要说明，如果是随班就读模式，那么还要对普通学生的情况、人数等进行说明。

② 教学内容说明

首先对教学内容的选择进行说明，内容选择的目的、作用以及最终要达到的教学目标。对于教学内容所涉及的场地、器材、设施、设备，及对于残疾学生在硬件和软件方面有无特别要求等，进行说明。对于实施个别教学的，也需要进行说明，并写明具体方案。

③ 学生已有基础

对学生已具备的运动能力、活动能力、身体素质和身体机能等，进行说明，如果需要测试的或需要学生、其他机构提供材料的，都应进行说明，对于首次课，一些情况需要在课前进行收集和了解。对于进行中的单元课时，需要对学生已掌握情况、身体承受及反应情况、是否受伤等情况进行说明，并提出本课时的目标、任务。

2）课时计划的主要组成

① 教学目标

教学目标是通过一节课的教学，期望学生达到的学习效果。因此，在教学目标设置合理的前提下，还需要明确教学的重点和难点。教学的重点是学生重点需要掌握的目标，是本节课的核心，也是上一节课效果的延续，下一节课的基础。难点就是学生难以突破或掌握的目标，可能需要借助特定的手段、方法和策略来解决。

因为轮椅篮球是集体项目，加之适应性体育的特点及全纳教育的贯彻，集体练习往往是常用的教学形式，但学生水平和目标是有差异的，考虑到师资及资源等现实，可以根据学生情况，划分成不同的层次，不同层次的学生目标也需要有不同的教学重点和难点。

同时，目标的表述要尽量准确而具体，避免使用一些模棱两可、含糊不清的表述，如"手臂上抬"，学生并不知抬到什么程度，准确表述如"手臂前平举至与肩同高"。再例如"用力"，应该用远度、高度、距离、位置等定位准确，让学生能把肌肉感觉与定量的指标联系起来，正确理解用力的含义。

具体案例样式：轮椅篮球的持球技术、胸前传球及移动技术综合学习

一、教学说明

1. 学生情况分析

（1）学生总体情况

学生总数，肢体残疾学生的人数，残疾级别，普通学生人数，根据学生情况进行分层，普通学生 A 层，残疾学生根据残疾级别分为 B 层、C 层。对 A、B、C 三层的身体状况、活动能力、身体素质及运动基础等具体情况分别进行说明。

（2）学生个体特征

对残疾学生的个体特征进行针对性说明。对其前面所学内容的掌握情况及运动能力、平衡性、协调性、操控能力、身体机能、是否受伤、需要改进或提升的地方等进行详细说明。

2. 教学内容分析

之所以选择轮椅篮球是考虑到下肢肢体残疾学生的兴趣、运动能力、活动能力、身体机能及普通学生的接受能力、兴趣，以及由轮椅篮球良好的互动、竞争性、娱乐性而决定的。

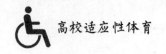

（续表）

　　本次课主要是持球、胸前传球及移动技术，这三方面的学习对于残疾学生和普通学生都存在一定的挑战。因此，各自的重点和难点也有区别。

　　对于普通学生及残疾学生而言，在学习中存在很多共性的东西，也不是共同面临的困难。比如持球的动作、传球的技术动作等并没有本质区别，整体的动作要领是相似的，只是个别残疾学生在平衡性、关节活动度等方面存在的问题，需要在动作技术上进行降低或适当调整。考虑到各自学习目标及教学发展的差异性，普通学生在开始练习时，可以不使用轮椅，而采用正常姿势，而技术动作的完成要求更加标准和规范，重点体会传球时力量自下而上传递的顺序，体会下肢发力的特点，在使用轮椅后就能更充分感受到两者间的差异，这对于和残疾学生进行交流，增强学习的效果是有帮助的，同时也满足了普通学生的学习需求。

　　而对于轮椅移动技术的学习，显然残疾学生则更为熟悉，但也不意味着能很好地满足轮椅篮球的技术需要。对于普通学生而言，对轮椅的操控将变得相对困难，但这常常能激发出学生的兴趣，积极参与到学习中，同时也更加能够理解残疾学生的处境。

　　学习的目的就是理解三个技术完成的基本原理，能够掌握适合自己特点的动作结构及发力顺序，并学会控制身体的平衡，并借助轮椅协调用力。

　　另外，就是通过双方的协作，在学习技术的同时，发现对方的优点，培养协作配合能力和互助精神。

二、教学目标与重点、难点

（一）教学目标

1. 知识与技能

通过学习，能够比较稳定地持球，并掌握胸前传球的动作要领和方法，学会操控轮椅并稳定地移动，同时能将移动技术与日常生活相结合。

分层要求：

A层：正确掌握持球技术；正确理解胸前传球的用力顺序、发力特点及正确掌握胸前传球技术；初步掌握轮椅的移动技术，能够比较稳定地移动轮椅。

B、C层：根据自己身体情况，掌握合理持球技术；正确理解胸前传球的上肢发力特点及整体用力的顺序；比较熟练掌握轮椅移动技术，并区分与普通轮椅移动的差异。根据B、C层的差异，在现有目标要求进行"＋""－"处理。

2. 过程与方法

（1）通过独立学习、师生互动、普通学生与残疾学生、残疾学生与残疾学生互动来学习。

（2）通过分组进行不同学生间的协作学习。

3. 情感与态度

分层要求：

A层：在认真完成自己学习任务的同时，主动协助残疾学生完成学习任务。

B、C层：能够主动参与到学习之中，在轮椅移动练习时，主动对普通学生提供帮助。

（二）教学重点和难点

教学重点：对动作技术的理解，掌握适合自己的动作技术。

教学难点：普通学生的角色转换，残疾学生基于自己的身体特点，进行技术调整。

② 教学资源

适应性体育的教学资源是为了实现教学目标而开发和利用的各种条件和保障。因为残疾学生的特殊性，所以在教学资源上需要提供更充分的条件和保障。教学资源一般分为物质资源和人力资源。

人力资源是在教学过程中包括教师在内的，能够给学生提供帮助的所有人员。适应性体育教学中人力资源包括课堂内的直接人力资源和课堂外的间接人力资源。

直接人力资源是在课堂上直接对残疾学生提供协助的人员。第一类是体育教师，这是最主要的人力资源，作为专业人员，他对整个课堂教学起到引导、控制、协调、协助的作用，确保残疾学生安全的前提下，让课堂教学顺利推进。第二类是普通学生，在教学中协助教师辅助残疾学生完成教学任务，不仅减轻了教师的负担，也提升了残疾学生的学习效率，有利于残疾学生快速融入学习。第三类是志愿者，志愿者的优点在于一般经过培训和指导，具备一定的残疾人辅助专业知识，辅助时更有针对性。同时，可以不占用其他学生时间，有利于整体学习的推进。缺点就是志愿者一般是业余的，不可能在教学中全程陪同，同时也减少了与其他同学的接触，容易造成残疾学生的依赖性。

间接人力资源是虽然不直接参加课堂上对残疾学生的协助，但对课堂教学的顺利进行发挥着保障作用的人员。第一类是志愿者，这类志愿者主要利用业余时间协助残疾学生的复习、锻炼和康复，这可以帮助残疾学生复习和巩固课堂上没有完全掌握的学习内容，达到课与课之间的有效衔接。第二类是相关的医疗监督人员，残疾学生的身体状况需要教师及时把握，并根据学生情况做出调整，因此，需要定期或及时地将学生表现提供给医疗监督人员，并在下次课前及时反馈，教师根据反馈意见，调整课时计划。

物质资源是指在教学中所涉及的设施、设备、场地、课件等，比如轮椅篮球所需的场地、篮架（有条件的可提供可调节篮架，在初学时使用）、篮球（部分学生替代用排球等）、竞技轮椅、头盔、靠垫坐垫、多媒体课件等。另外，就是轮椅使用者所必需的无障碍设施，如坡道、轮椅用卫生间（最好有更衣设施）、电梯、洗手池、适宜轮椅移动的走道或地板等。无障碍设施及残疾学生

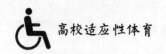

体育参与的无障碍设施建设,目前在国内还存在很多问题,这将在后面着重探讨。

③ 教学过程

教学过程首先是一个双边活动,是在教师引导下,学生对教学内容逐步掌握,并最终达成教学目标的过程。

适应性体育面对的对象是残疾学生,他们在体育的认知、体育参与、运动经验等方面和普通学生还是存在差异,所以教学过程不能按传统模式进行,应该针对残疾学生特点,充分体现渐进性和针对性,教学过程一般包括以下几个部分:

第一,激发兴趣,加强认识

很多学生只是在电视上看到过轮椅篮球,但缺乏基本的了解,更别说有相关的体验了。因此,可以在课上利用多媒体,通过让学生观看比赛和相关视频,并通过有效的讲解,让学生了解轮椅篮球,激发他们尝试的积极性。

第二,明确学习的目标

无论是普通学生还是残疾学生,学习目标的不明确,往往是阻碍他们主动学习的重要原因。对于残疾学生而言,轮椅篮球的学习不仅是运动技术、技能的学习,也是与自己的健康密切相关,与自己未来的生活紧密相连的。对于普通学生而言,不仅是一种新的尝试,充满了乐趣,也是自己能力和价值的体现,在自己学习及协助残疾学生完成学习的同时,也收获了一份成就。

第三,提供参与的可能,引发期待行为

在轮椅教学过程中,我们提供给学生的是他们经过努力能够胜任的活动,整个教学过程是由一个一个"可能"所组成,最终实现一个更高的目标。所以在教学中就是要通过轮椅篮球的练习,让他们获得乐趣,并一点点挑战自己的能力。例如将篮架降低,让学生先体会到成功的喜悦,而不是通过努力却始终无法完成,信心和兴趣将受到打击。当这种可能一一变成现实后,学生就会感受到成功的喜悦,并期待更高的挑战,这时可能就不是来自教师的要求,而是自己内心的追求,被动学习就变成了主动参与。

第四,双向或多向反馈

在教学中学生要将学习中存在问题、困难主动向教师进行反馈,及时分析问题、解决问题。而教师也要对学生完成情况及时进行反馈,让学生清楚自己完成的程度,应该注意的事项。而课堂上的信息也应该及时反馈给相关机构,比如医疗监督机构、志愿者培训机构等,应该让反馈变成一种常态行为,一种习惯和意识,加强多方的合作。

第五,多方评估

对学生学习状况,教师当然是最重要、最直接的评估人员,通过交流、提问、测试等多种手段,及时了解学生学习情况、进展。而涉及学生机能恢复、提高或康复时,可以请相关机构参与,进行评估和反馈。

教学组织形式通常是集体教学,但教学过程的设计根据学生教学目标的不同,一般采取两种方式:

第一种方式是教学内容基本相同,但教学目标不同。这种情况在适应性体育教学过程中是很普遍的,学生存在差异,一般会分成不同的层次,在同一教学内容下,自然也要设定不同的教学目标,适应不同层次学生的需求。

课时教学内容:轮椅篮球移动技术学习

一、教学分析

（一）教学内容分析

轮椅篮球的移动技术按计划用 4 个课时完成,前 2 个课时初步学习、掌握,后 2 个课时巩固、提高。

此次课（2 课时）的教学任务就是认识和了解轮椅的基本结构,了解不同类型轮椅的差异和特点,学习普通轮椅的移动方法,进而学习轮椅篮球轮椅的基本移动技术。

（二）学生能力分析

根据学生的情况,将学生分成 A、B 两个层次。A 层次是普通学生,他们没有接触过轮椅,但具备基本的活动能力和操控能力,对轮椅比较好奇,但对轮椅的操控比较陌生,需要熟悉和学习,本节课主要学习掌握轮椅的基本操控技术。B 层次学生是残疾学生,他们有轮椅操控的经验,本节课程学习一方面提高他们在生活中轮椅的操控能力,一方面为轮椅篮球奠定基础。

（三）教学目标及教学重点

教学目标:

A、B 层次

1. 通过实物了解轮椅的基本结构,各结构名称,基本作用和功能。

2. 通过实物了解普通轮椅与竞技轮椅在结构上的不同,在操控上的差异及注意事项。

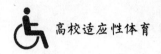

3. B层次学生配合教师进行基本的操作示范。

A层次

1. 先观察教师示范，学习轮椅不同路线的直线移动操作。

2. 先观察教师示范，学习轮椅转弯、弧线、后退等移动操作。

3. 按教师要求进行不同组合练习。

B层次

1. 先观察教师示范，进行不同路线的快速准确的轮椅操控练习。

2. 先观察教师示范，进行转弯、弧线、后退等快速准确的轮椅操控练习。

3. 先观察教师示范，进一步提高转移技术，加强减压训练和上下平台训练。

教学重点：

A、B层次

两层次学生间的相互协作

A层次

重点体会残疾学生的用力结构，不要用健肢进行助力。

B层次

树立信心，主动展示轮椅操控能力，重点提高一些生活中的移动技能。

二、教学资源的选择

多媒体课件、普通轮椅、竞技轮椅、篮球、排球等。

轮椅篮球移动技术教学案例设计流程简介

教学内容	教师组织	学生活动	设计构想
一、轮椅篮球及轮椅结构的介绍 1. 轮椅篮球的介绍 轮椅篮球的场地、器材、设备、规则等（见前）。 2. 轮椅的基本结构 Ⅰ：大车轮(large wheel)；	1. 如果条件允许，利用多媒体观看轮椅篮球比赛视频，或在有多媒体的教室观看，然后再到场地，对场地、规则等进行示范讲解。 2. 第一次课介绍轮椅的主要构造和功能，在后面的课中再逐渐补充。 3. 介绍普通轮椅与竞技轮椅的主要区别和功能特点	1. 学生观看视频或老师讲解。 2. 教师请残疾学生进行相关讲解和示范。 3. 学生相互交流	在学习过程中尽量调动残疾学生的积极和主动性，一些讲解由残疾学生（B层次）来承担，培养他们的自信心。

（续表）

教学内容	教师组织	学生活动	设计构想
Ⅱ：手轮圈（handrim）； Ⅲ：小车轮（caster）； Ⅳ：靠背（back rest）； Ⅴ：把手（handle）； Ⅵ：椅座（seat）； Ⅶ：臂托（arm rest）； Ⅷ：车闸（brake）； Ⅸ：脚架（leg rest）； Ⅹ：足托（foot rest）； Ⅺ：侧板（skirt guard）； Ⅻ：十字杆（cross rod）； XIII：轮轴（hub）； XIV：倾斜杆（tipping lever）； XV：背管（back pipe）； XVI：基管（base pipe）； XVII：缓冲器（bumper）； 竞技轮椅结构及与普通轮椅结构的主要区别（见前）。			
二、普通轮椅的移动技术学习 主要的移动技术包括： 1. 移动技术：一般的前进、后转、变换方向和绕障碍物练习。 2. 上下斜坡：练习两手同步地用力推或拉，而且要学会灵活运用车闸，失控时能够控制住轮椅。	1. 教师先讲解基本要领，请B层次学生示范并结合自己实际进行讲解。 2. 让学生示范并交流互动。 3. 教师示范，并纠正错误技术。	根据残疾学生人数，进行配对练习或分组练习。 A层次学生掌握轮椅的基本操作技术，能够操作轮椅，按教师设定的路线进行前进、后转、变换方向和绕障碍物等练习。 B层次学生要求在已有基础上能够更加熟练地操控轮椅，对于不熟悉的操作，在要求上同A层次学生。	尽量安排A、B层次的学生进行互动学习，根据具体情况，可以重新分组或配对。

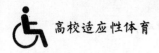

教学内容	教师组织	学生活动	设计构想
3. 转移训练（transfer）：练习从普通轮椅转移到竞技轮椅。延伸练习，椅到床、椅到厕、椅到地面等训练。 4. 减压训练：久坐会导致坐骨结节等处压力过大，容易引起压疮，要学会给臀部减压。	1. 教师示范讲解，分别请A、B层次学生进行示范并交流体会。 2. 在转移训练时，教师要强调安全，并安排好练习与保护练习。	转移训练和减压训练是B层次学生在实际学习、生活中面临的问题，所以要求B层次学生根据自己实际掌握情况，在教师指导下，进行学习和提升。 A层次学生主要进行体会学习，并保护并协助B层次学生完成相关练习。	主要让普通学生体会残疾学生的不易，增强对残疾群体的理解，并培养主动积极协助的精神。 通过学习也让B层次学生敢于展示，并面对自我，重视生活技能的学习。
三、竞技轮椅的移动技术学习 具体内容，前面已经阐述，不再赘述。 主要体会竞技轮椅与普通轮椅在结构、功能及操控上的区别。	结合轮椅篮球规则，强调与普通轮椅操控上的区别，特别是后面持球或运球时在操控和移动方面与普通轮椅操控的区别。	以分组和配对练习为主，组织及学习方式基本同上。但可以增加比赛和游戏环节，增加一定的竞争性和娱乐性。	A、B层次学生基本都没有轮椅篮球经验，因此双方可以平等学习和交流，但残疾学生在操控上可能有一定优势，所以通过比赛和游戏可以增强他们的自信心。

(续表)

教学内容	教师组织	学生活动	设计构想
四、身体素质、机能恢复与提升 1. 上肢力量训练 　上肢训练的目的,一是轮椅篮球无论移动,还是后面持球后的练习,上肢力量都非常关键。二是残疾学生在日常生活中操控轮椅,对上肢力量也有一定要求。 　2. 躯干力量训练 　躯干力量在操控轮椅时,在平衡性及协调性上发挥着重要作用,因此主要以腹背肌训练、躯干回旋、侧向移动和骨盆提举训练。	1. 力量训练穿插在移动练习之间,并保证充分休息。 　2. 上肢力量以等张训练为主,B 层次学生以哑铃为主,A 层次学生以俯卧撑为主。 　3. 躯干力量A、B 层次学生都以仰卧起坐为主。 　4. 教师讲解要领、组数及次数,并布置练习方式。	1. 最少以 3 人小组练习为主,2 名普通学生及 1 名残疾学生为一组,根据残疾学生人数进行调整,以确保残疾学生在进行力量练习时有足够的安全保障。也保证了普通学生在进行仰卧起坐练习时也能配对练习。 　2. B 层次学生在进行躯干力量训练时,由于操控轮椅会引起肌肉的紧张,可以让普通学生帮助进行牵伸练习。	A、B 层次学生在进行力量训练时有共性,但在侧重点上还是有所不同,残疾学生的力量更多地考虑其矫正、机能提升或康复需要。

　　第二种方式是学生教学中部分教学内容和教学目标存在差异,不能在同一时间或同一教学内容达到各自教学目标。这种现象在全纳教育中并不少见,因此,就需要采用复式教学方式,为不同学生设计不同的教学过程。下面对复式教学的实施进行简要介绍。

轮椅篮球投篮技术复式教学设计流程

一、教学分析

（一）教学内容分析

　　本节课主要学习轮椅篮球双手胸前投篮技术,学生由普通学生和残疾学生构成,因此学习内容和目标存在一定的差异,主要学习基本的投篮技术,普通学生要学习普通投篮技术,同时要学习轮椅篮球的投篮方法,体会用力顺序的不同。残疾学生掌握符合自己身体特点的投篮技术。

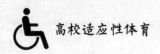

（续表）

（二）学生能力分析

将学生分成 A、B 两个层次。A 层次是普通学生，他们需要同时掌握常规投篮技术及轮椅投篮技术，在技术的转换上提出了更高的要求。B 层次学生是残疾学生，由于不能借助下肢的力量，因此如果不能掌握正确的用力方式，技术的完成将变得更加困难，在初学时可以降低要求，比如降低篮圈高度，也可以先给教师或同伴投，或用排球代替篮球。

（三）教学目标及教学重点

教学目标：

A、B 层次

1. 掌握双手胸前投篮的基本结构和用力顺序。

2. 交流不同投篮方式用力的差异，无论哪种投篮方式，用力都是自下而上，全身协调发力，不能只用手臂力量。

A 层次

1. 学习轮椅篮球双手胸前投篮技术。

2. 学习常规双手胸前投篮技术。

B 层次

1. 学习轮椅篮球双手胸前投篮技术。

2. 重点体会自下而上的发力要领。

教学重点：

A、B 层次

两层次学生不同教学内容的有效组织及协调。

A 层次

重点体会两种投篮方式的差异。

B 层次

学会全身协调用力的要领。

二、教学资源的选择

普通轮椅、竞技轮椅、篮球、排球、简易球框等

轮椅篮球双手胸前投篮技术设计案例

教学内容	教师组织	学生活动	设计构想
一、复习双手胸前传球技术 　　双手胸前传球技术与双手胸前投篮技术在用力顺序上基本一致，略有差异，在复习的同时，继续提升正确技术动作。	1. 示范正确持球动作，对身体有缺陷学生根据情况调整。 　2. 示范讲解标准技术，并根据学生的不同进行单独指导。	1. A、B 学生分组或配对练习，使用轮椅复习所学内容。 　2. A、B 学生分组或配对练习，A 层次学生采用常规方式（站立）与 B 层次学生进行练习。 　3. A、B 均使用轮椅，进行传球练习。	通过复习，为后面投篮技术学习奠定基础。并熟悉不同层次学生组织协作的转换。

教学内容	教师组织	学生活动	设计构想
二、学习轮椅篮球双手胸前传球技术 　　学习合理的技术动作，体会由双手胸前传球向双手胸前投篮转变时用力方向、手型的改变。	1. 教师分别对两种技术进行示范讲解。 　2. A、B配对，使用轮椅进行投篮技术学习，教师指导。 　3. A层次学生单独学习常规投篮技术，教师指导。 　B层次学生单独进行轮椅篮球投篮练习。	1. 全体学生共同观看教师示范和讲解。 　2. 学生先配对进行轮椅投篮练习，再分别单独学习和练习。 　3. 请A层次学生示范，先用常规技术投篮，再使用轮椅投篮，并说出自己用力时的差别。 　4. 请B层次学生示范，并感受只用手臂和全身协调发力时的差异。	在学习时既要考虑残疾学生的需求，也要考虑普通学生的需求，因此，采用复式教学，可以满足不同学生的需求。
三、身体素质、机能恢复与提升 　略	在最初进行轮椅投篮练习时，可以先是学生间互相对投，然后采用简易球框练习。 　A层次学生常规投篮学习可以直接采用标准篮架进行练习。		

三、残疾学生适应性体育教学形式与教学策略

（一）肢体残疾学生常用的教学形式

1. 集体教学

集体教学是体育教学最常采用的教学形式，采用这种形式的主要原因：

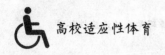

（1）体育互动的特性

体育产生于劳动和游戏，具有强烈的社会性和互动性，因此，无论是集体项目还是单人项目都具有互动的属性。例如轮椅篮球作为集体项目，需要相互间的配合和协作，同时其所具有的娱乐性，更加适合普通学生和下肢残疾学生的共同参与。也正因为这种互动性，所以在适应性体育教学实施时，集体教学依然是主要的教学形式。

（2）有利于学生间的交流和理解

集体教学能够营造良好的互动氛围，利用体育的互动特性，通过集体教学，可以更好地观察和协作，不仅可以提升相互间的了解，提高学习的效率和兴趣，而且也让残疾学生更容易产生归属感。同时，通过相互学习，提高各自的成就感和自信心，也更加包容，提高社会适应能力。

根据肢体残疾学生的情况，我们需要选择适合全体学生的适应性体育教学项目或活动，项目或活动不仅仅适合于残疾学生，让普通学生单方面去迁就，或只是让普通学生起到辅助、协助的作用，而无法满足普通学生身心发展的需求；也不是照搬普通学生的教学内容，只是通过降低难度，甚至简化内容来"满足"残疾学生。上述两种集体教学方式不仅不能适应学生身心发展的正常需要，而且还会造成学生积极性的受挫、被孤立感、自卑感、抵触等负面影响。所以，合适的教学内容选择是非常重要的。

当然，体育教学内容能满足全体学生的需求是最好的，但实际面临的情况会更加复杂，很可能出现普通学生和残疾学生存在较大差异，无法通过集体教学达成教学目标的实现。但如果在师资比较缺乏的情况下，可以采用分层教学或复式教学的方式，最大化满足不同层次学生的需求，又能较好体现集体教学的优势，这个在前面的案例中已经进行了分析，不再赘述。

2. 小组教学和小组学习

针对适应性体育教学的特点，另外一种教学方式就是小组教学和小组学习。小组教学与小组学习在侧重点上是有区别的。

小组教学是教师对一个小组学生所实施的教学活动。这种教学形式要求有更强大的师资力量，教师对小组学生要有更加充分的了解，安排更加细致的教学内容和教学目标。优点是教师能更好地关注到每一位学生，教学更有针对性，能够更好地调动小组成员的积极性，提高他们互动的频率和积极性，小组成员的关系更加融洽和熟悉，会更有利于相互的协作。因为有教师的直接引导和指导，所以学习效率和效果都更高、更明显。

但小组教学在适应性体育教学中还是存在一些问题的，因为体育的互动性，小组教学容易割裂各小组间的联系，在需要集体互动，比如游戏或比赛时，特别是一些战术配合或技术演练等，就会出现相互沟通和协作上的问题，反而需要花时间进行再学习，浪费了精力和时间。因此，根据体育的特性，适应性体育教学更提倡小组学习，即强调学生间的合作学习，这和前面涉及过的分层教学及复式教学有点类似，都是根据学生情况，可以分成同质小组（在某个方面或某几个方面有共同的特征），也可以分成异质小组（在学习能力、身体状况、残疾程度等方面存在较大差异）。分层或复式教学在分组时会有一定的随机性，但小组学习会在一个教学时间段内保持相对的稳定，在整体教学目标和教学内容统一的前提下，强调小组间主动的协作，当一个教学内容完成并基本掌握后，再进行新的分组。例如，轮椅篮球教学中，就是根据传球、投篮、运球、移动、攻防等分别进行分组，一个教学内容完成，再进行重新分组，这样做的好处在于：第一，可以让全体学生最大化地交流和互动，提高集体意识，团队意识；第二，残疾学生不容易产生依赖感，当小组内关系比较融洽时，残疾学生往往会与关系最近的学生产生更多联系，有意识避免与不熟悉同学的接触，而阶段性分组可以避免这种情况的发生；第三，教师可以根据学生实际学习状况，在下次分组时进行调整，保证小组学生能够在能力、个性等方面更有利于教学的实施。

3. 个别教学

如果残疾学生确实因为个体原因不能胜任集体教学或分组学习，比如轮椅篮球教学时，下肢截肢学生同时也伴随有上肢的障碍，其暂时无法和其他同学进行协作和配合，此时集体教学或分组教学无法满足其学习的需要，这时就需要教师先进行个别教学，教师需要根据学生具体情况，制定个别教学计划，当其掌握了一定的技能后，能单独练习或能和其他学生进行配合时，尽可能让

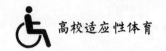

其回归集体,但在练习时可以在量、强度及规则等方面进行调整,比如无法进行有效运球的,可以允许推动一次或两次轮椅后不运球,但要求停止轮椅。通过适当调整,可以有效发挥学生的潜力,并使其融入集体之中,保证了集体练习的连贯性和应有的强度和量,确保了教学质量和学生整体的发展。

个别教学的优势就是能够给学生最适合的教学,并提供有效而直接的指导,可以帮助学生迅速掌握适合自己的技能,并提升相关机能,从而更早地融入集体教学。

个别教学主要有独立式个别教学和嵌入式个别教学两种。

独立式个别教学就是教师只教授一位学生,从体育的特性及教学目标实现的角度出发,独立式个别教学的时间不宜过长,首先他容易割裂学生与集体之间的联系,特别在集体项目学习中,学生习得的技能很难泛化到相应的情景或其他学生,所学不易得到应用和展示,不利于学生适应能力的提高。另外,个别教学会占用一定的师资,在目前体育特殊教育师资普遍不足的状况下,可能会影响整体教学进度和教学实施。

嵌入式个别教学是指教师利用集体教学或小组教学(小组学习)的间隙对个别学生进行单独的辅导和教学。它的优点是可以更好地保证整体教学的实施及进度,确保大部分学生的教学质量。缺点就是对于个别学生的教学不系统、不连续,参与集体学习的机会也大大降低,个别学生容易被孤立。

因此,在实际教学中,往往可以采用复合型方式,在学生学习的初级阶段采用个别教学,当有一定基础后,可以采用嵌入式个别教学,而嵌入式个别教学也可以让学得好的学生或志愿者按教师要求承担,从而减轻教师负担,也能让教师有更多精力兼顾整体教学的进程。当个别学生基本掌握教学内容后,可以在提高阶段按小组学习的方式进行,增加交流学习的机会,也能让所学技能更好地泛化和应用。

(二) 肢体残疾学生常用的教学策略

1. 协同教学

对于协同教学,很多学者都提出了自己的认识,本书基于适应性体育的实际和发展，以及在实践中面临的问题，认为协同教学分为狭义和广义两种理解。

狭义的协同教学指的是多名教师在同一节课内相互协作，对全体学生进行的指导和教学。目前高校体育特殊教育基本上就是任课教师一个人在战斗，大部分高校采用的是独立编班的形式，学生类型多样而复杂，在不考虑其他客观因素的前提下，一名教师很难做到有针对性的教学，教学往往流于形式。哪怕采用融合教学的高校，也面临普通学生与残疾学生兼顾的问题，同时目前的"融合"，常常只是"结合"，任课教师基本没有体育特殊教育背景，仅靠一己之力很难对特殊学生进行有效指导和教学。因此，协同教学的意义就在于：

第一，无论采用何种教学方式，协同教学中的教师双方或多方共同对教学内容、教学目标、教学实施等进行商议、论证和分工，可以相互学习，让教学更有针对性。同时，多名教师共同参与一节课的教学，可以对学生进行适当分层，将教学内容分解，增强教学的效率和效果，也减轻了教师自身的压力。

第二，根据体育特殊教育师资的具体情况，协同教学可以做到教师专业互补，有效利用师资。例如在体育特殊教育专业教师较少的情况下，协同教学可以由一名专业教师与普通教师进行搭配，在轮椅篮球教学时，可以由一名篮球教师和体育特殊教育专业教师协同，从各自专业角度出发，共同商定教学大纲、教学计划、教学内容、课时计划的实施、各自分工等，在具体教学时，承担各自的任务。这样既解决了师资不足的问题，也较好地解决了适应性体育教学中指导不专业等问题，让普通学生和残疾学生都得到了专业的指导。在师资充足的情况下，协同教学能更好地体现其优势，提高教学整体效率和质量。

第三，协同教学可以让教师间有更直接的接触、交流和学习机会，例如一名体育特殊教育专业教师与一名普通教师进行协同，普通教师也能学习和掌握更多残疾学生的教学理念、方法，而特教教师也能在业务上得到补充和提升，双方在专业上都得到了成长，让更多的教师能够进入特殊教育领域，在一定程度上也弥补了师资不足的矛盾。

协同教学弥补了传统教学中"点（教师）对面（学生）"的单一模式，特别是在适应性体育教学中做到了"多点对面"，看似一节课的师资增加了，但从

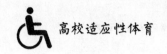

整体教学来看,提高了工作效率和教学质量,反而是一种资源节省化的表现。

但是协同教学在实施中面临的问题也很多:

第一,很多教师习惯了传统教学模式,甚至有些教师习惯了体育特殊教学就是应付、走形式的心理,而协同教学中教师的关系不是主从关系,是平行关系,教师要面对共同的问题,并想出有效的解决方案。因此,无论从工作量,还是责任心、专业要求等方面都提出了更高的要求,要有协作奉献精神。如果相互推诿、抱怨,那么协同是无法进行的。例如篮球教师在承担轮椅篮球时,可能对轮椅篮球的特点、规则等都不熟悉,这就需要主动去学习,并和协同的专业教师针对残疾学生及普通学生的特点进行分享、讨论,制定出具体教学方案,并进行具体分工。

第二,协同教学需要教师付出更多的时间和精力,不仅要用于双方或多方相互间的沟通、交流,也要花更多时间去再学习,补充自己的非专业领域的知识。由于专业背景不同、认知不同,在协同中冲突的产生也是不可避免的,这就需要教师有大局观,从学生利益出发,及时化解矛盾,将注意力集中到教学之中。

第三,学校层面的支持。首先传统模式的改变本身就会面临很多的压力,诸如工作量如何计算、教师积极性如何激发、教师利益如何保障、出现矛盾如何协调等问题。协同教学一定不能仅靠教师本身的自觉,学校一定要担负起引导、规范、激励和管理的责任,作为一种教学理念及教学方法,学校应该在软、硬件条件上给予一定的支持,并由校方组织教师进行相关的培训和学习,提高学校管理水平的同时,提升全体师生对于新的教学理念及教学方法的接受和关注。

第四,学生层面的理解和接受。协同教学是多名教师就一个或几个教学内容在合理分工情况下所共同实施的教学过程,教师的教学之间存在着有意的联系,而不是分割的、独立的。因此,要让学生接受这种新的教学模式,在教师引导和安排下,学生自己也要主动寻求和思考教学内容之间的联系,而不是被动地接受,否则这样就容易变成磁片化的学习,让协同教学事倍功半,达不到适应性体育的教学目的。所以,在课前教师针对教学内容及协同教学的实施有必要对学生进行简明扼要的讲解和说明,让学生理解教学内容之间的联系,并做好心理预期。

适应性体育体现的是教学的针对性、有效性,因此教学内容会针对不同学生做出安排,那么在一节课里就可能出现多种类型组合,相应地,在协同教学时也会有多种教师组合。

第一,普通体育教师与体育特殊教育教师的协同。

在既有普通学生又有残疾学生的班级里,这是比较理想的组合。如果普通学生与残疾学生的教学内容一致,只是完成方式或侧重点不同,那么教师间的协同更容易进行,双方重点对学生的共性和残疾学生个性需求等方面进行沟通协调,在知识及实施上进行分工和互补。如果普通学生与残疾学生教学内容不一致,甚至出现两种以上的教学内容,那么教师间的协同就会面临更多的挑战,在学生情况的分析、具体分工、实施方案制定、时间安排、组织协调、安全保障等方面都需要更加细致,对教师专业能力、专业知识及组织能力都提出了更高的要求。

这种组合的优势就在于教师专业知识的互补性,能比较清楚地了解学生所存在的问题,并制定相应的对策,能最大化地满足普通学生和残疾学生的不同的需求,为全体学生的共同成长提供了必要的空间。

第二,普通体育教师间的协同。

根据目前高校的实际情况,这一组合是常见的。这一组合主要是利用教师专业背景不同,尽可能满足学生参与活动的不同需求,但因为普通体育教师在体育特殊教育方面并不专业,所以虽然在项目教学、活动指导等方面弥补了一名教师精力不够、指导不足的缺陷,但在对残疾学生的针对性、专业性上就比较欠缺。这一方面需要学校给予必要的支持,提供条件让教师出去培训、学习,提升业务能力;另一方面就需要教师自己的努力和敬业精神,自己钻研和补充相关的知识,这不是靠某一位教师的努力就能完成,而是教师共同努力、相互学习并提高。这是体育特殊教育教师缺乏的情况下的一种无奈选择,如果缺乏必要的体育特殊教育专业培训去提升教师的专业素养,这种协同并不能解决残疾学生面临的根本问题。但如果能够通过多种途径,促成更多普通体育教师向体育特殊教育教师角色的转变,那么就

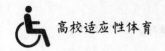

能将劣势转化为优势。

第三,多维度的协同。

适应性体育的核心就是利用体育这一手段在身、心及社会适应等方面让残疾学生获得最大可能的发展,但体育不是万能的,无论是普通体育教师,还是体育特教教师,都不是全能的,但残疾学生却是多样化的,所以适应性体育教学不同于普通体育教学,它在某节课、某个时间段或教学全程可能需要其他相关专业人员的介入,比如运动疗法、物理疗法、作业疗法、康复医生等专业人员的加入,在专业人员的协同下,对问题进行客观的诊断和把握。但这种协同一般是阶段性的,在教学之初或出现问题时,专业人员可以在某个阶段进入课堂,配合教师针对教学内容进行指导和配合,当问题得到妥善处理后,协同关系自然解除。

这种协同其实也是一个多部门合作的问题,不是体育单一部门能够承担的,这是适应性体育整体发展面临的问题,也是较为理想的一种协同状态。

协同教学,我们前面说过教师之间不是主从关系或依附关系,是共同承担的合作关系,因此,协同教学的模式是非常重要的,普通体育教学只是涉及一位教师,其教学组织、教学场景的转换、教学实施、教学控制都是一人完成,但协同教学涉及两位以上的教师,如果以上协调不好,就会造成时间浪费、衔接不畅、相互影响等问题。因此,协同的模式就很重要,下面就几种主要模式进行一下介绍。

第一,平行协同模式(如图9所示)。

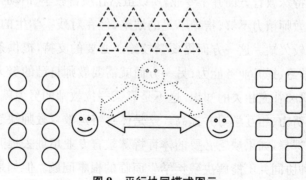

图9 平行协同模式图示

平行协同模式是指教师在一节课内同时对不同分组的学生进行教学。而分组可以按同质、异质和个别等进行划分。同质和异质按不同标准有不同的界定,一种是按学生类型,比如普通学生、残疾学生;一种是按学生总体情况,如能力、水平、残疾程度等,那么有可能情况相同的普通学生与残疾学生混合成为同质群体,如果情况差异较大,就划分为异质群体。具体如何划分,还是要以教学内容及教学目标作为参考,选择最合适的划分标准进行分组,平行协同则是教师根据分组在同一时间分别进行教学,在一个阶段教学任务完成后,可能会重新分组,再平行进行下一项任务,也可能按照原来分组,按教师各自特长交换后继续下一轮教学。

比如在轮椅篮球教学中,可以按学生总体情况划分为异质的两组,在使用竞技轮椅的情况下,两名教师分别对两组进行双手胸前投篮教学,在完成阶段任务后,重新按学生类型分成普通学生与残疾学生两组,教师根据专业特点分组教学,普通学生学习常规投篮技术,残疾学生则继续复习和巩固。这样不但满足了不同学生的需求,而且提高了教学的针对性及效率,学生也获得了必要的交流。

第二,交替式协同模式(如图 10 所示)。

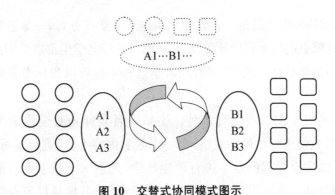

图 10 交替式协同模式图示

交替式协同模式是指学生按分组交替到教师那里进行学习,每名教师教授的内容按递进式或平行式进行分段教学,如果有 3 名以上教师,也可以对完不成的学生进行单独的分组,进行指导和重点教授。如果只有 2 名教师,图示中的 B 部分也可以调整为指导和重点教授,而另一名教师则重点负

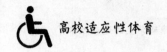

责主要内容的教授。

还是以轮椅篮球为例,A 教师重点教授新内容(A1、A2、A3),而 B 教师则重点进行复习(B1、B2、B3),学生则在两者间进行交换,如果教师资源充足,可以单独安排一个教师进行个别指导,如果教师资源匮乏,则 B 教师可以安排大部分学生进行复习,先个别指导,然后再组织全体学生进行复习。

当然交替式协同也可以有不同的交替方式,这个没有固定的模式,主要还是根据教师及学生具体情况而进行确定。

第三,嵌入式协同模式(如图 11 所示)。

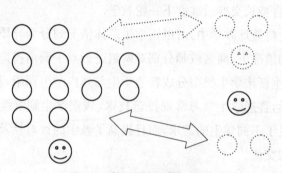

图 11　嵌入式协同模式图示

嵌入式协同模式是指一名教师承担主要教学任务,另一名教师进行观察和巡视,重点进行个别指导和教学,从而保证每名学生都能共同进步。当然,教师的角色不是一成不变的,在教学过程中也可以根据专业特点进行互换。

嵌入式的方式也可以有多种。比如一名教师先对全体学生进行教学,另一名教师进行协助并观察,当一个教学内容上完,进行复习时,这名教师对不能完全掌握的学生进行单独教学,到下一个教学内容前重新让他们回归集体。也可以在另一名教师复习时,这名教师提前对部分学生进行指导和教学,在新的内容开始后让他们回归集体进行学习。当然如果有多名教师,可以分离出更多的学生,这样针对性也更强,但师资占用也更多。

第四,补充型协同模式(如图 12 所示)。

图 12　补充型协同模式图示

补充型协同模式是指教师分别对同一内容进行教学,但侧重点略有不同,交换后,教师再分别对学生薄弱的部分进行教学。

这一模式的难点就是上课前,两名教师或多名教师需要在课前认真备课,大家要十分清楚各自的分工,在交换后既能保证教学内容的完整性,也能保证教学的延续性,否则就可能造成不同分组间的差异。

广义的协同教学是指协同不是仅仅发生在课堂内部,而是课堂内、外的一种直接或间接的协作,特别在师资比较匮乏的情况下,这种协同更加重要,通过各方面的支持和协作,部分困难学生在上课前就能获得应有的援助,在上课前就能奠定基础,同时也可能获得课中的继续支持,从而减轻教师压力,为教学任务的完成提供了保障。

2. 合作学习

合作学习(cooperative learning)是 20 世纪 70 年代初兴起于美国,并在70、80 年代中期得到实质性进展的一种富有创意和实效的教学理论与策略。目前它在不同的教育领域也得到了不同的诠释和发展,但在体育特殊教育领域,则有其更为合适的生存土壤。因此,本书还是结合适应性体育的特征,对合作学习在本领域的开展进行分析。

适应性体育最主要的就是激发残疾学生自身的动力,这是主动适应内、外环境,体现自身价值,求得良好生存的前提,所以合作和互动就是适应性体育的本质特征之一。由此也衍生出合作学习的主要特征:

第一,如何让残疾学生与普通学生进行交流,如何促进他们之间的理解和信任,如何展现自己的价值和能力,如何获得尊重,显然体育的特性赋予

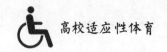

了合作学习更多的空间,也让合作学习在适应性体育教学中有了更好的展示。合作学习是两人以上学生通过相互合作而进行的学习,而体育是最好的合作平台,这种合作灵活性更大,常常对学生间的条件和差异并不在意,当然实际教学中也会通过各种途径和方法减少学生间的差异,力求合作的效果和双方利益的权衡。在合作中培养学生的合作精神和合作意识,个人逐渐融入集体之中,合作学习因为人数较少,亲密关系更为容易建立,也为良好的融合提供了环境。

第二,合作学习能够促进双方的交流能力,残疾群体与普通群体因为主客观原因,彼此间容易形成屏障,双方都不容易走进对方的生活和学习,合作学习有利于双方打破屏障,或者说必须学会打破屏障进行主动的合作,否则合作也无法进行。适应性体育是基于学生能力而设计的,这也为合作提供了条件,在双方能力所控范围内使合作变得更加可能。

第三,培养平等意识。在合作学习时,小组内的学生是相互启发、相互补充、相互促进的关系,而不是主动和被动的关系。在合作中,每位学生都有机会展现自己的能力,并为小组学习做出自己的贡献,任何一位学生能力的缺失,都会影响整体的学习成效。因此,学生逐渐会认识到每位成员的重要性,大家更容易建立平等、民主的氛围。

第四,在合作学习中,不仅小组内存在竞争,小组间也存在着竞争,这种竞争环境就像是一个社会的缩影,让残疾学生提前体会竞争、接受竞争、习惯竞争,而逐渐摆脱原有家长或老师的呵护,形成竞争意识。

第五,适应性体育不仅是适应,体育无论是游戏、比赛还是学习本身,也时刻伴随着困难、挫折和失败,每一次的练习都可能是一次挑战,这对于普通学生还是残疾学生都是一样,但残疾学生可能在身体、心理等方面会面对更大的挑战,所以合作学习让双方都能重新审视面对的困难,增加自己的心理承受能力。

当然任何一种学习策略都不会是完美的,它都有一个适应范围,合作学习面临的问题在于:

第一,合作学习一定要双方能够达成有效互动,才可能产生最佳效果,也就是说互动可能比较容易做到,但有效的互动就需要体现教师的智慧,要达到有效的互动,在合作学习前一定的心理准备、能力提升、机能提高是有必要的,简单的、流于形式的合作,从学习角度看是没有实质性意义的。因此,在合作前,需要运用有效的教学策略和教学方法,先创造出双方可以合作的基石,这不仅为后面双方快速进入状态提供了条件,也使适应性体育目标实现成为可能。

第二,合作学习的成效不是自然而然就能发生的,除了上述所说的条件外,合作学习的成效还取决于精心的策划和积极的实施。

策划需要教师对学生情况非常熟悉,掌握每个小组学生的活动能力、身体素质、身体机能、残疾程度、康复情况、运动水平、以往知识掌握程度、是否受伤等详细信息,了解教学内容的重点、难点,事先安排好场地、设施、设备、辅助器材、相关人员等,并对合作的时机、时间、合作方式、教师责任、评价等进行控制,确保教师和学生都能积极主动地按照既定方案实施,最终达到合作的成效。

和协同教学一样,合作也有多种模式,也是需要根据学生具体情况进行选择,而且模式不是一成不变的,应该根据合作的实际及时进行调整。典型合作模式如下:

(1) 游戏比赛法

游戏和比赛是体育合作学习非常有效的模式,它具有趣味性、竞争性、协作性,而且组织时比较灵活机动,既可以组内进行,也可以组间进行,难易也可以根据情况进行控制,适合不同的学习时段和进度,同时也能激发学生的荣誉感和成就感。

游戏和比赛法的流程如下:

① 教师采用合适的教学方法对新的教学内容进行讲解、示范,确保每位学生都能达到合作学习的基本要求,然后根据情况进行分组,对合作学习的内容、方式、要求等进行说明,尽量具体,如对次数、命中率、时间、速度、远度、高度等进行设定,不要含糊不清,最后对场地、设备、器材、时间、安全事项等进行布置和安排。

② 学生进行合作学习,教师轮流进行指导。要求学生尽量按照任务逐一完成,不要跳跃式进行,遇到问题,首先双方或小组内成员协商解决,如果

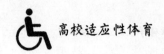

确实解决不了,再向教师寻求帮助。小组不指定组长等职位,让每个学生明白,大家必须平等互助,遇到问题共同面对和解决,应该清楚 $1+1>2$ 的团队合作定理。

③ 根据既定的规则进行游戏和比赛,难度尽量由易到难,由个人到集体,由组内到组间,并制定合适的奖惩措施,激发学生的参与意识、竞争意识及荣誉感。

④ 教师评价与小组评价。教师的评价尽量给出问题的方向,但具体问题由小组进行讨论,然后向教师反馈,最终确定问题,由小组商量讨论提出解决方案,并进行解决,最后由教师给出判定和建议。

(2)拼板模式(如图 13 所示)

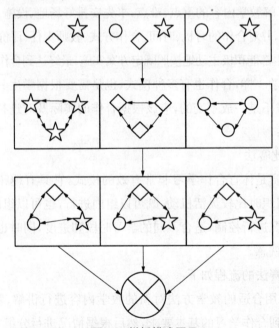

图 13 拼板模式图示

拼板模式是教师为每组分配相同教学任务,并按小组人数分配子任务,小组成员只需完成各自的子任务。具体流程如下:

① 教师首先根据学生情况进行分组,最好是组内异质、组间同质。教师介绍合作学习的分组情况及小组总任务,并对每个小组成员的子任务进

行布置和讲解。对应的是图 13 的第一层。

　　② 子任务相同的成员重新组成合作小组，并进行合作学习，确保每个成员的子任务都能顺利掌握并完成。对应的是图 13 的第二层。

　　③ 完成子任务的成员重新回到原先小组，小组成员分别介绍自己的任务并相互学习，并按照小组总任务，将各自子任务拼接起来，形成完整的技术结构，完成预定教学任务，达到预定教学目标。

　　案例说明：

轮椅篮球的运球、传球、投篮合作学习

教学目标：
　　通过合作学习，一方面完成运球、传球、投篮技术的复习，另一方面通过合作学习，让学生自己找到技术间衔接的办法，并通过团队合作最终完成，并达到预期目标。

教学内容	教师组织	学生活动	设计构想
一、运、传球及投篮组合练习	1. 教师分组，布置小组总任务，并分配子任务，同时对任务进行讲解。 2. 安排场地、时间、安全事项及要求等。	1. 按小组迅速站队，听清教学任务及各自子任务。 2. 按相同运、传子任务重新站队编组。	能够根据教师要求快速组队，有主动承担任务的意识和自觉性、积极性。
二、按子任务完成合作学习	教师巡视并观察，适当时候给予指导。	1. 学生按子任务分组，进行合作学习。 2. 根据子任务目标，对子任务的标准、规范、要点及完成流程、合作方法、形式等进行商议。 3. 按商议流程进行学习，有问题重新进行商议并修订。 4. 相互评定，完成子任务。	培养学生合作精神、解决问题能力、化解矛盾的能力及安全意识。

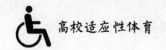

（续表）

教学内容	教师组织	学生活动	设计构想
三、重新回归原来小组,完成小组既定的任务	教师继续巡视观察,并根据完成情况进行适当调整。 在恰当的时候给予必要的指导。	1. 成员各自介绍自己的运球、传球、投篮完成情况,重点及难点。 2. 根据小组总目标,协商三个技术之间的协调和衔接,并设计相应的练习方式和方法。 3. 按商议流程进行学习,有问题重新进行商议并修订。 4. 相互评定,完成总任务。	培养学生对整体技术的理解能力,培养解决问题的能力、提高相互配合的能力,通过任务完成提升相互的信任及自信心。

四、残疾学生适应性体育教学辅助与支持

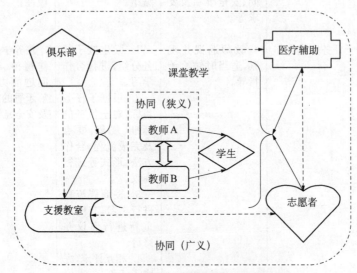

图 14　适应性体育教学辅助与支持示意图

前面说的广义的协同教学就是指除了课堂以外给予的支持,如果缺乏这些部门的支持和协同,课堂教学也很难有效地开展或达到既定的目标。

现在存在一个误区,很多人认为目前高校残疾学生很少,根本用不了构建这些部门或占用这些资源,其实这是一个理念和认识问题,无论是我们个人、学校还是社会,都要用平等和发展的眼光看待残疾人教育。对一个群体的尊重就是从个体开始的,一个社会的文明程度,也正是体现在这些细节上。所以,哪怕只有一名残疾学生,我们也要提供百分之百的尊重,而不能再出现残疾学生到高校无法正常学习和生活的情况出现。因此,适应性体育的开展绝不能只考虑或只满足于课堂内的教学,而忽视了课堂内、外的联系,适应是全方位的,如果没有课内、外的正常、有效的联系,残疾学生很可能连正常的体育教学都无法开展,那么就无从体现"适应";如果课堂内的学习无法延伸并服务于学生的学习和生活,又如何做到真正的"适应",所以现在我们做的还很不够,无论从认识,还是行动,我们都要努力。

从适应性体育的实际需求出发,目前的支援主要来自以下四个方面:

(一) 残疾人志愿者的培养及志愿者队伍的建设

目前,中国志愿者队伍不断壮大,在残奥会、奥运会等大型赛事都能见到中国志愿者的身影,志愿者的素养也在不断提高,特别在残奥会、特奥会等志愿服务中,志愿者在残疾人礼仪、服务理念等方面也越来越专业。但在高校针对残疾学生的志愿服务目前还是非常薄弱,虽然很多高校都有自己的志愿者组织,也有相应的培训和活动,但针对残疾学生的有针对性、目的性、专业性的志愿者培训,还处于起步阶段。

从教学实际及课内、外一体化的实际出发,最大化利用目前高校现有的志愿者组织,如志愿者协会、学生会、团委等职能部门。例如高校志愿者协会基本都有自己的组织机构、章程和志愿者管理体系,并且和相关部门也有密切的联系。因此,尽可能利用现有资源,在招募体系、培训体系、运行体系上进行补充和完善,就能起到资源节省和最大化利用的效果。

(1) 招募的前提是良好的宣传,利用现有宣传模式,扩大宣传的手段和

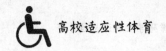

途径,在合理合法的前提下,充分利用传统媒介和现代媒体扩大宣传和影响,如宣传手册、海报、学校网页、BBS、微信公众号、朋友圈、微博、视频等,宣传特殊教育理念和残疾人体育及体育教育。当然在宣传的时候自身就需要有良好的认识,因此体育特殊教育专业教师应该提前介入相关部门,帮助策划、指导和组织,并给相关人员进行培训。志愿者招募应该规范,实行注册登记管理制度,准确把握志愿者情况,如志愿活动参加情况、志愿服务对象情况、是否参加过培训等,以方便针对性进行培训和选派。另外,在残疾学生的信息方面,在保证信息保密的前提下,实行信息网络化管理,以方便信息共享,这样在志愿者培训、选派上就可以更有针对性。

(2)培训需要系统化。残疾人体育志愿者区别于其他志愿者,在专业要求、态度、敬业精神等方面都提出了更高的要求,因此需要进行专门的培训。目前平时的一些志愿者培训有一定的随意性,但残疾体育志愿者培训应该形成一定的体系,培训资料要完备,要有培训手册、培训教材,有条件的最好配备多媒体视频资料,需要让志愿者熟悉残疾人的设施、设备及主要特征,特别是安全事项。同时还要熟悉自己所服务的残疾人参与的体育项目的特点、所需设备、器材等,学习如何做到专业的服务。

培训人员也应充分利用多方资源,以体育特教教师为主,有经验的志愿者、社区康复人员等都可以加入培训队伍,可以根据志愿者情况及服务对象情况,分层进行培训,这样既能分担培训的工作压力,也能提高效率和针对性。

培训方式可以采取面授、网络和自学等。面授比较直接,可以进行现场交流、提问和演示,但需要志愿者时间集中,有些设施、器材不易搬运,需要志愿者学习时来回换地方,培训占用时间较长。另一种就是充分利用信息技术进行网络学习,也可以把教学录成视频,供志愿者继续复习和巩固。有条件的学校,或者是发展目标是将志愿服务教学,包括一些残疾人及残疾人体育的知识做成多媒体形式,并放在学校平台,甚至提供盲文及语音服务,让所有学生可以随时登录观看和学习。如果这几种方式能够实现并交叉使用,对于残疾人体育志愿者培训将提供有力支持。

(3)志愿者服务运行也应规范,应该有信息登记、反馈和监督、评价。

虽然志愿服务是自愿的、无偿的，但不意味着就是随意的、没有规范和约束的。因此，每次志愿服务都应该有志愿服务计划，并及时与教师及服务对象联系，获取服务反馈，如志愿者服务态度、沟通能力、体育指导能力、残疾学生参与的兴趣、自信心、参与时间、在志愿者支持下是否能较好完成课堂教学等等，并及时调整改进。对于没有责任心的志愿者可以取消其资格。

（二）体育支援教室的建立

虽然我们会采用多种教学方法、手段和策略来提高适应性体育的教学质量，但残疾学生想要在一堂课上就掌握全部内容还是有困难的。体育支援教室就是为了弥补这一问题而建立的，建立后，残疾学生和普通学生都可以利用，复习消化教学内容，并根据教师或医生建议在体育支援教室进行必要的康复练习。同时在课堂外，志愿者或同学可以有更多时间为残疾学生提供相应的支持。

体育支援教室主要包括几个部分：

（1）残疾人生活、学习必需的助听、助看、助行、助学等设备和器材。如手杖、肘杖、腋杖、轮椅、助行架、助行椅、语音会话辅助器具、声光转换提示辅助器具、盲文点字板、盲杖、练习用盲道、声音提示器等。这些设施或设备可以让残疾学生自我练习或在志愿者帮助下进行练习。

（2）适应性体育教学用器材及设施。这些器材主要是根据教学需要进行配置，场地要进行安全防护，护栏、护垫、硬质部分进行包裹等。因为场地限制，所以场地尽可能体现多功能性，通过简单的搭配，能够满足残疾学生基本的教学复习或练习需要。

（3）适应性体育教学视听系统及文本。考虑到不同残疾学生的需要，可以在体育支援教室提供免费的电脑或多媒体视听系统，并提供盲文文本，学生可以进行复习和学习，并在支援教室里直接进行练习。

（4）必要的康复设施和器材。体育支援教室毕竟不是专门的康复场所，所以康复设施和器材还是针对课堂教学中学生普遍存在的康复问题进

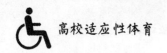

行设置,这样学生在进行教学上的练习时,可以根据需要进行相应的、简单的康复训练,以提升教学的质量和效果。比较常用的,例如:

上肢训练器械:肩关节及腕关节回旋训练器、上肢推举训练器、系列哑铃、手指训练器等。

下肢训练器械:下肢康复训练器、踝关节屈伸背屈训练器、立式踏板器等。

综合训练器械:多功能训练器、姿势矫正镜、肋木等。

平衡和行走训练器械:平行杠、简易坡道、抽屉式阶梯、各种软垫等。

最终如何进行配置,还是根据学校残疾学生的情况进行调整、补充。

体育支援教室为残疾学生提供了课外复习和练习的场所,也能模拟现实生活和学习中的很多场景,让他们得到锻炼和适应。

(三)体育俱乐部(协会、团体、小组)的支持

残疾学生课外体育参与是他们融入学校、展示自己、检验自己学习效果、培养兴趣的重要部分,不同的高校可能会有不同的形式或名称。

目前要让俱乐部直接接纳残疾学生是有困难的,因为俱乐部本身的项目设置、场地及学生对残疾体育的认识和理解可能都存在主客观上的不足和困难。因此,现在最需要一个过渡机制,让俱乐部逐渐完善并接纳残疾学生。

首先可以由体育部门牵头成立相应的残疾人体育俱乐部,项目设置以普通学生与残疾学生能够共同参与为主,比如游泳、轮椅篮球、轮椅排球等;或一些对普通学生也具有一定挑战性或趣味性的项目,盲人乒乓球、体育舞蹈、游戏等。成员可以从志愿者中进行宣传和招募,这样有利于俱乐部快速运作,并起到示范作用。当管理、运作、学生意识、影响力都比较稳定后,可以尝试在适合的俱乐部中进行推广,争取形成较为稳定的运作模式。最终的目标就是由学校、体育部门专门设立,小范围运行和接纳,转变为学校整体的接纳、更灵活的运行方式、多样化的选择、更多人的参与。

(四)医疗机构的支援

医疗机构的支援主要体现在诊断、康复、评价三个方面,目前比较直接

的就是校医院、社区医院或康复中心。在体育教学前、教学中、教学后，都需要医疗机构进行诊断和评价，供任课教师进行参考，并提供合理化建议。必要的时候还要承担康复治疗任务。

以上是实际教学需要的，也是有可行性的，但实际操作时，最困难的就是各部门的责、权、利的划分，以及一些必要的软硬件的建设和配套，比如残疾学生的信息系统的建设、录入、共享、保密等。另外，各部门承担的责任、经费的使用、人员的设置等都需要学校出面进行协调，这不是体育部门能解决的，所以残疾人事业更需要大局意识、长远意识及协作意识。

第五节　肢体残疾学生适应性体育
教学无障碍环境建设

无障碍环境包括物质环境无障碍与信息和交流无障碍，涉及建筑、道路、交通和其他室内外设施、信息、通信及其他服务，等等。我国无障碍环境建设，始于 20 世纪 80 年代，1989 年编制实施了第一部残疾人无障碍设施设计规范——《方便残疾人使用的城市道路和建筑物设计规范》。第一部《无障碍环境建设条例》在 2012 年 8 月 1 日由国务院颁布实施。条例旨在创造无障碍环境，保障残疾人等社会成员平等参与社会生活。条例所指无障碍环境建设是指为便于残疾人等社会成员自主安全地通行道路、出入相关建筑物、搭乘公共交通工具、交流信息、获得社区服务所进行的建设活动。近几年都有残疾学生进入高校，因缺乏必要的无障碍环境保障，无法正常学习和生活的报道。这也引起了国家的高度重视，教育部等七部门联合印发的《第二期特殊教育提升计划（2017—2020 年）》中提出：普通高等学校要积极招收符合录取标准的残疾学生，进行必要的无障碍环境改造，给予残疾学生学业、生活上的支持和帮助。但从目前实施效果来看，受到主客观因素的限制，建设情况并不理想。

而残疾学生体育参与、体育教学的无障碍建设其实也面临着同样的问题和困境，这是适应性体育能否顺利开展的硬件保障，如果缺失，残疾学生

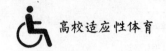

正常出行或生活都无法保障,体育参与或娱乐更是无从谈起,这个问题必须引起高度的重视。

本书在这涉及的主要是残疾学生在进行适应性体育教学中可能涉及的物质环境无障碍,也就是常说的无障碍设施。但在此不局限于课堂教学的无障碍设施,因为适应性体育是一个教育过程,不仅仅是单一的教学,它需要通过体育教学这一途径和手段,提升残疾学生理念、认识及整体的生活、学习质量,寻求更广泛的适应,所以在此围绕着适应性体育教学这一主线并逐渐展开,找出与之相联系的无障碍建设问题进行介绍和分析。因此,以下三方面因素,我们在适应性体育无障碍设施建设时需要进行综合考虑。

一是残疾学生的出行。这主要是残疾学生从宿舍到教学场地、锻炼场地、体育支援教室、食堂、图书馆等室外出行。比如设有路缘石的人行道、路口的缘石坡道、盲道、符合轮椅通行的轮椅坡道或电梯、坡道和台阶的两侧,应设扶手等。原则上确保残疾学生能够无障碍地到达学校内生活、学习中所涉及的任何地方。

二是残疾学生的活动和居住,主要指房屋建筑,如宿舍、体育场馆及场地、医院、食堂、图书馆等。在建筑物入口、走道、门、楼梯、电梯、厕所、浴室、标志、盲道、轮椅等应依据建筑性能配备相关无障碍设施。这主要就是残疾学生首先能无障碍地进行适应性体育教学,并能够在课堂外得到生活上的应有保障,比如能在运动时顺利入厕,能够在运动后洗澡,能在受伤后及时进入医院治疗等。

三是残疾学生周边环境,如锻炼、休闲场所,绿地等。同样在人行道、坡道、盲道、相应的提示、轮椅通行等都要符合相关无障碍设施要求。高校有许多绿地、锻炼场地是免费提供的,但很多并没有无障碍设施,所以不适合或保证不了残疾学生能合理使用。前面说过,没有课堂内、外有效的衔接,适应性体育的效果是很难真正体现出来的。

肢体残疾学生一般需要借助手杖、拐杖、助行架或轮椅(手动、电动)进行出行,一般分为上肢残疾、下肢残疾、偏瘫三种。

一、下肢残疾,使用轮椅的学生

使用轮椅的学生,要想让轮椅灵活移动,一般要求地面或地板平整,如果有台阶、陡坡就会造成出入的困难,所以残疾学生的场馆和场地尽可能安排在一楼。而一些室内体育场馆,有时会铺地毯或胶垫,那么对于轮椅移动也是会造成一定的困难,所以不仅在场地上需要考虑,在走道等可能通行的地方都要考虑周全。

而残疾学生使用轮椅在校园内出行时,也常常被路口路缘石、地面凸起的限速路障、场馆或厕所的门槛所限制。还有就是场馆或场地出入口的宽度、厕所门的宽度过窄,轮椅无法进出。厕所入厕有台阶,没有坐式便器、安全抓杆,洗手池高度不合适,电梯没有设置残疾人按钮,这些都会对轮椅使用者造成困难。

另外,在进行体育教学时,一些器材的摆放高度、位置不合适,使用轮椅时不方便靠近或无法拿取,甚至会出现倾倒的危险等。另外,在轮椅篮球教学时,需要从普通轮椅换成竞技轮椅,转移时的安全及轮椅的摆放固定都要提前进行考虑和规划。

使用轮椅相对比较方便快速、灵活,但占用空间大,各项设施的高度和宽度都要受到轮椅尺寸的限制。另外,使用轮椅的学生会经常进行轮椅的转移,如体育教学中从轮椅到地面的练习、从轮椅到轮椅、从轮椅到坐便器等,这些需要支持物,以利于移位、确保安全和稳定。常见的障碍如下:

1. 楼梯和台阶

目前高校的体育场馆、教室、图书馆、宿舍及校园内存在的楼梯和台阶是正常的,但对轮椅使用者却是极大的障碍,而且很多地方并没有电梯或辅助移动设施,包括很多高校在道路上设置的减速带,两侧并没有预留出轮椅出入的宽度,两侧有人行道的在路口也多是台阶,没有坡道,这都可能成为轮椅移动的障碍。

如果有条件的高校,可以进行加装电梯、外置电动移动装置、台阶改造

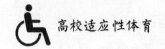

等补救措施。但如果一时没有条件改造，那么就需要在可能范围内为轮椅使用学生提供最大的支持。对教师、同学、志愿者进行培训，在他们需要时能提供专业的帮助。比如轮椅的搬运，当两人进行搬运时，残疾学生背朝楼梯，一位帮助者在前，如果是固定踏脚板，则手握踏脚板，力气大者在后握住推柄，共同搬运。如果是活动踏脚或活动扶手就要注意，不能作为用力点，以免搬运时脱手。如果是少量台阶，并且是一个人助力时，残疾学生面对台阶，帮助者在身后进行助力。

2. 坡道

原则上残疾学生在上下台阶需要他人辅助时，坡道就是较好的解决方法。但目前高校面临更多的是改造问题，所以不是建成坡道就可以了，一定要合理。有的门槛本身就高，如果改建成坡道，坡度就非常大，轮椅使用不方便，甚至出现前倾和翻倒的可能。有的体育场馆的厕所都有两级台阶，而且在里面的空间，轮椅几乎无法转运，而且限于空间的大小，没有预留出合适的坡道改建可能，这就需要进行结构上的改造了，如果仅仅做形式上的改变，而不考虑实际应用效果是没有意义的。另外，坡道的建设也要考虑到正常学生的使用，比如防滑、坡度、扶手等。缘石坡道的坡度为 $1/10 \sim 1/12$，有条件的地方将与人行道等宽的单人坡缘石坡道的坡度做到 $1/16 \sim 1/20$。缘石坡道的宽度不应小于 100 cm，坡面要做到平整而不光滑，坡道下口的平绿石不得超过车行道地面 20 mm，以方便轮椅通行。

3. 活动空间

坐轮椅者所占用空间比站立的人体所占用面积大 5 倍，转运时要大 9 倍，轮椅通过的门道最少需要 800 mm。比如正常的乒乓球教学，乒乓球台之间的距离可以比较小，只要保证正常练习就行，但使用轮椅时，前后左右就需要更大空间，以便移动和通行，并避免发生碰撞等危险事故。在体育支援教室、厕所或其他学习场所，都要预留出部分空间给轮椅使用者转动或移动。

4. 姿势限制

因为轮椅使用者的坐姿导致其在高度、手触及范围、可进入空间都有所限制。比如在进行体育教学时，器材摆放过高或过低，轮椅使用者都不便取放，像哑铃、杠铃摆放不合适，轮椅使用者甚至没有办法自己使用。运动前衣物脱放、水杯的摆放也应提供合适高度的置物架。体育支援教室的多媒体桌子、食堂的就餐桌要能让轮椅靠近并正常使用。里面的康复设施也要考虑轮椅使用者，在高度、扶手等方面给予考虑。这些是和教学直接相关的，那么间接相关的无障碍设施同样很重要，洗脸池、坐便器高度等都是会影响残疾学生的使用便利性，从而间接影响教学顺畅性，甚至影响到学生参与的兴趣和积极性。

二、使用拐杖的学生

无论是单拐，还是双拐，在上下楼梯及坡度较大的坡道时都会比较困难，所以教学场地还是尽量避免安排在二楼以上。由于拐杖与地面直接接触，一些木质地板的场地，在不影响使用的前提下，对拐杖头部进行包裹处理，一方面不损坏地面，另一方面在练习时也减少伤害事故的发生。不然对残疾学生可能造成心理负担，影响学习积极性。

使用拐杖会造成水平推进力度降低，造成行动的缓慢，软的、不平坦的地面，如自然草坪、人工草坪都不适合他们运动，塑胶场地没有问题。另外，弹簧门、没有安全抓杆的坐便器和小便器的卫生间、积水地面都会造成不同程度的困难，甚至发生摔倒致伤的事故。

进出场馆门，有时为了管理等，需要只开半边门，但对于使用双拐的学生，宽度就会受限，所以应将门全部打开，同时注意门槛高度，如不方便改造成坡道的，可以使用临时坡道。

三、上肢残疾学生

上肢学生上下台阶和楼梯没有问题，但要考虑到一旦摔倒，他们的自我

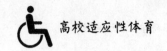

保护能力就比普通学生要差，所以场地还是以一楼为宜。教学场地最好有缓冲性能的硬质地面，如木板、塑胶、土质场地等。

上肢残疾学生手的活动范围小于普通人，对于精巧动作、双手并用动作会有困难，所以球形门锁、钥匙锁、小而密的按键都难以完成，可以改成肘式开关、大号按键、电子门锁等。

在教学和康复训练时，除了他们自身可以使用辅助器具外，诸如哑铃、拉绳等，也需要进行特别改造，如用沙袋代替，或用有固定装置的设备或器材，同时安排辅助人员，以确保安全的练习。

四、偏瘫学生

偏瘫学生半侧身体功能不全，兼有上下肢残疾，根据程度可拄拐独立跛行，或使用特殊轮椅，存在明显的优势侧。所以在无障碍方面，上、下肢残疾学生涉及的问题，他们都可能涉及，同时有优势侧，所以在教学和他们日常出行要进行不同的考虑，教学中在确保安全的前提下，要有意识进行非优势侧的练习和康复。而日常出行在扶手、抓杆等设置时，要考虑他们优势侧的使用。

另外，在醒目的地方要按规范贴上无障碍标志，并广泛宣传，让更多的人理解并认识到无障碍建设的重要性，并且不占用、不损坏无障碍设施，确保残疾学生学习、生活的正常化。

第六章

视力障碍学生的适应性体育

第一节　视觉障碍概述

一、视力残疾的定义

各种原因导致双眼视力低下并且不能矫正或双眼视野缩小,以致影响其日常生活和社会参与的都属于视力残疾。视力残疾包括盲及低视力。

二、视力残疾的分级标准

按视力和视野状态分级,其中盲为视力残疾一级和二级,低视力为视力残疾三级和四级。视力残疾均指双眼而言,若双眼视力不同,则以视力较好的一眼为准。如仅有单眼为视力残疾,而另一眼的视力达到或优于0.3,则不属于视力残疾范畴。视野以注视点为中心,视野半径小于10度者,不论其视力如何均属于盲。视力残疾分级见表8。

表8　视力残疾分级

级别	视力、视野
一级	无光感~<0.02;或视野半径<5度
二级	0.02~<0.05;或视野半径<10度
三级	0.05~<0.1
四级	0.1~<0.3

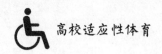

三、视力残疾学生的生理及心理特点对体育参与的影响

（一）视力残疾学生的生理特点与体育参与

视力残疾并不会直接影响学生的生长发育，但由于视力原因，会导致学生在失明后活动范围和运动强度受到限制，从而影响身体发育。同时，对自己的身体姿态没有直观的感知，而且因为视力缺陷，作为代偿，有时会出现一些习惯性姿势，从而造成驼背或脊柱侧弯的问题。

由于看不到或看不清，直接影响到视力残疾学生的空间定位、定向和独立行动，在视觉和行动受限的情况下，视力残疾学生不敢快速移动，因此就会造成肌肉不放松，表现出特有的身体姿态和运动方式，特别在陌生环境更加拘谨。

（二）视力残疾学生的心理特点与体育参与

1. 感觉特点

视力残疾意味着只能感知部分，甚至不能感知视觉信息，导致视觉经验的后缺失或不完整，难以形成完整的视觉表象，也就意味着对于体育动作的感知很难做到直接、完整的感知，因此不能快速地形成动作表象和肌肉感觉。

因为视力缺失，所以残疾学生在听力感知方面会比普通人更加敏感，并形成较高的听觉注意力。因此，可以利用这点在适应性体育教学中通过声音来让学生感知方向、作为判断、参与行动。但这有利也有弊，视力残疾学生有时过度依靠听力辅助，会更加谨慎。所以适应性体育在教学中要全方位发展视力残疾学生的感知。同样，他们的触觉感知也比普通人强，通过触觉感受速度、重量、结构、形状、距离等，这也是他们学习体育技能的重要方式。

2. 知觉特点

尽管有听力和触觉进行代偿，但比起视觉的感知，表现出不完整性和滞后性,也造成动作学习时准确性差、速度慢。同时,没有更多的体育经验和印象,所以很难自己去想象和延续动作,动作容易僵化。

视力残疾对运动知觉主要依赖听觉和触觉,往往来自固定的刺激源,如果在运动时,环境嘈杂就会影响他们的定位和感知,对准确快速地做出反应造成困难,甚至会出现错误判断,造成伤害事故的发生。

3. 注意力

由于补偿效应,视力残疾人听、触、嗅等其他感知觉通道会补偿视觉通道,在这方面的注意力会加强,但如果环境影响因素太多,他们的无意注意也会增加。因此,在体育教学过程中,环境应尽量安静,减少不必要声音等的干扰。因为没有视觉方面的信息干扰,视力残疾学生的专注度反而比较高,特别专注于老师讲解或比赛信息的判别。

4. 想象力

在体育学习中想象力是非常重要的,但视力残疾学生没有丰富的表象资源,在体育学习时主要依靠听觉和触觉。所以传统的教学是无法适应他们的需求的。这就要求体育教师要充分让他们依靠触觉去感受动作的线路、速度、高度、力度等变化,同时给予恰当的、合适的语言讲解,丰富他们触觉、听觉的信息,并与动作完成相联系,在熟练之后,当听到教师语言信息时,就能做出较为准确的动作。当这些简单动作信息逐渐丰富后,他们也能建立属于自己的资源库,从而生出想象的翅膀。

第二节　视力残疾学生体育参与的可能与注意事项

从身体机能角度考虑,视力残疾学生身体的活动能力基本没有问题,如果能够克服视力上的障碍,那么能够胜任的体育项目还是非常丰富的。但如果没有正确的引导和帮助,视力残疾就成为最大的障碍,他们内心的痛苦

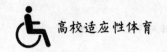

有时比其他残疾可能更加明显,有种有力使不出的感觉,所以表现出更大的无助感。而体育参与需要对环境和人进行及时判断和交流,视力障碍成为主要信息的屏障,因此他们即使想参与,也没有机会,于是表现出抑制的情绪,导致最终对运动失去兴趣。后天致盲者会有更强烈的失落感,会更加不知所措,表现出抵触及消极情绪,不愿与人沟通和交流。体育参与能够帮助他们缓解或克服心理上的障碍,但如何让他们迈出第一步,则需要正确合理的引导。

视力残疾有不同的分级,这也造成不同分级的学生会有不同的表现。全盲者因为基本看不到,行动谨慎,动作缓慢,但动作学习后的错误率低,并且伤害发生的几率也低。反而是有一点视力残存,有时会过分自信,或为了表现,获得别人的认可,所以在动作学习和完成时,有时会出现较多失误或盲目行动,容易发生碰撞、摔倒、不听指令完成投、掷等行为,导致危险的发生。

在体育参与中视力残疾学生面临的危险主要还是由于缺乏视力而导致的反应不及时、错误反应、错误行为或潜藏危险等。例如,进行方位训练时,可以采用投篮训练,但篮球反弹回来时,视力残疾学生就很难做出判断,就可能造成伤害。此时可以用排球、气排球或乒乓球替代。还有就是对声音信号的误判,导致方向错误,可能导致碰撞、摔倒、撞伤等事故。另外,错误动作也可能引发一些伤害。包括康复训练、力量训练时器材的摆放、使用,都要考虑他们的安全,及早预防和防护措施。

适应性体育教学就是通过适合的体育教学和活动参与、训练,培养他们将不同感知觉,特别是听觉、触觉的感知信息与动作技术的完成有效联系起来,建立一定的良好反馈,形成自己独特的动作感知信息库,并能丰富自己在动作完成上的想象力,最终摆脱机械的模仿,能够创造性地进行动作的学习和完成。

第三节　视力残疾学生的适应性体育教学设计

一、视力残疾学生适应性体育教学目标

（一）视力残疾学生认知领域的特点和目标

认知是由一系列心理能力组成的复杂系统，基本作用就是获得外部世界的信息，把外部信息转化为自身的知识结构，然后应用这些知识结构去指导自己的行动。在个体认知发展过程中，任何一个认知结构的不足或缺失都会影响到认知系统的整体发展。而视觉作为认知世界的主要途径，视力残疾对于认知的发展无疑会产生巨大影响。

认知主要由知识、领会、运用、分析、综合、评价所构成，在体育教学中学生任一环节的缺失都会造成认知的欠缺。

从认知的广度看，视力残疾学生在其成长过程中若无特别干预，将导致对环境控制和自我环境联系的丧失、顺利行走的丧失、一定活动范围和各种不同概念的丧失。这直接表现为很难对动作的细节进行感知，虽然能够用听、触觉进行感知，但很多信息都会被遗漏掉，在动作的衔接、路线、感觉、力度、准确性等方面明显受到限制。同时也抑制了个体探索环境的动机以及主动认知范围的拓展。

在认知的深度上，视觉支配了早期学习的重要阶段，并为更高的心智过程奠定基础。视力残疾学生若得不到良好的运动训练体验，会直接导致他们运动认知范围狭窄、肤浅而片面。

在认知速度上，视觉接收信息的速度明显优于听觉，而听觉接收信息的速度又优于触觉。而视力残疾学生恰恰是以听、触的慢信息接收为主的，认知速度明显滞后，若要达到同等效果，他们要付出更多的努力。

基于上面的分析，在适应性体育教学中，要提升和加强残疾学生在认知上的

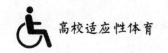

深度、广度和速度,也就是强化他们听觉感知的训练、触觉感知的训练及空间感、方位感及反应能力。也就是说,通过适应性体育学习,让视力残疾学生获得更广泛的体育信息和知识,更全面的技术动作认知,最大化储存在自己的大脑中,在需要的时候能够转化、解释和推断,迅速运用到体育学习、参与及锻炼之中,并能对这些信息进行综合和评价,完成自我判断,同时上升为自我学习和成长。

(二)视力残疾学生情感领域的特点和目标

人是社会性的生物,个体心理和情感对于行为有着重要的影响,视力残疾不仅对身体与运动、心理过程、认知发展产生影响,也影响着其健全人格的形成和发展。

视力残疾学生无论出于家庭的保护,还是主客观条件的限制,他们的活动范围比较有限,与同伴的交流、接触较少,在活动中的体验少,获得的成就感弱。这就导致视力残疾学生性格大多比较内向,不善于交流和沟通,容易表现为异常的自尊和自卑,自信心不足,有一定的依赖性。在新环境的应变能力、定向行走能力及操作能力方面也弱于普通学生。运动中的视觉应用最为普遍,这也导致视力残疾学生对运动产生畏惧情绪,但对听觉信息和触觉信息比较敏感,所以可以设计与听、视觉联系密切的运动形式,增加他们的兴趣,也综合提升他们的运动感知能力。

适应性体育就是通过合理的教学设计,在提升他们运动能力的同时,也扩展他们的交流沟通范围,进而最大化地弥补他们在生理及心理上的缺陷和不足,获得正常的情感体验。

(三)视力残疾学生运动技能学习的特点和目标

单从身体机能和能力上看,视力残疾学生能够胜任的运动是比较广泛的,但由于视力的影响,他们在动作完成上会出现各种各样的问题。所以在运动技术教学中,一方面要选择和设计适合他们身体特性的技术、动作或活动,另一方面通过系统学习提升他们的判断能力、应变能力、行动能力、操作能力及自我保护能力。因此,运动技能学习主要考虑以下三个方面:

1. 动作完成的连贯性

由于视力影响，视力残疾学生在完成动作时，往往比较犹豫，不能也不敢把动作做完，总是试探着进行，这种表现也是正常的，但会影响正常的生活和学习。如果通过合理的训练，学生能够准确定位，感知合理的路线、角度、方向，那么动作完成就会比较顺畅，也会提高自己的自信心和生活品质。

运动技能学习可以从单一动作开始，逐渐过渡到组合动作；身体各部位的动作完成线路也可以由直线变为弧线或多线路组合；动作由静止完成变为移动中完成；等等，通过系列学习，让视力残疾学生做到自我放松，尽量做到动作完成的连续，不停顿。

2. 动作完成的准确性

动作连贯说明视力残疾学生在做动作时比较轻松，主动肌和被动肌能够较好地协调，而不像以前那样僵硬和犹豫，但在视力看不到的情况下，动作连贯还不能达到生活精细化的要求，在现实生活中，视力残疾学生面临着许多问题需要做到动作完成的准确性。比如对于常人非常简单的拿水杯、放水杯、开门、上台阶等，这些简单的事情，如果都时刻需要别人的帮助，可想而知，他们的自信心和自尊都会受到打击。适应性体育显然可以很好承担这一责任，通过系统训练，培养视力残疾学生在方向、高度、远度、速度、力量、线路、距离、空间等方面的感知和控制能力，从而做到动作完成的准确，能够迅速熟悉并把握陌生环境，迅速适应并做出合理的控制。

3. 动作完成的完整性

在动作连贯和准确的基础上，追求动作完成的完整性，完整性不仅要求单一动作要完整，更要求不同动作组合之间的衔接、连贯，视力残疾学生会有比较强烈的自我保护意识，所以习惯将动作范围缩小，动作常常做不完整。比如视力残疾者在摔倒时会比普通人更加危险，就是因为没有视力信息及时反馈，他们对环境预判能力差，同时倒地时不能有效采取自我保护动作，很容易造成膝、腕、脸部的摔伤。如果他们经过训练，掌握并熟练了一系列完整的动作，就

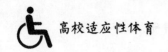

能做到及时的收臂缓冲、团身护头侧滚动作,最大化减少伤害的发生。

上述标准主要是从视力残疾学生在体育参与、日常生活、学习的实际出发针对他们的特点提出的,与普通学生的运动技能学习有着明显的不同,实际教学的具体实施也有着很大的区别。

二、视力残疾学生适应性体育教学设计、实施与指导

(一)适应性体育教学设计前的基本测试

在适应性体育教学设计前,还是有必要对视力残疾学生的一些功能特点进行测试,以掌握准确的情况,并根据测试结果进行具体的设计和安排。对于视力残疾学生主要测试包括肌力测定、平衡性协调性测定、步态分析、感知功能评定,前两个在前面已经进行了介绍,方法基本一致,只是侧重点不同,下面主要对后面两个进行介绍:

1. 步态分析

步态分析是康复医学中对于患者步行规律的检查方法,主要通过运动学和生物力学手段,揭示步态异常的关键环节和影响因素,从而指导康复评估和治疗。在此借用临床分析的方法对视力残疾学生步态进行测量分析,找出与普通学生之间的差异,并提出有针对性的改进办法。

(1)步行周期

步行周期是指正常行走时,从一腿迈步足跟着地开始,到该侧足跟再次着地为止。每一个步行周期又分为支撑相和摆动相两个阶段。

支撑相指下肢接触地面和承受重力的时间,以单足支撑为主,每一个步行周期中包含两个单支撑相,分别是左、右下肢单支撑相。同时包含两具双支撑相,即一侧足跟着地至对侧足趾离地前有一个双腿与地面接触时期,这一时期长短与步行速度有关,步行速度越快,双支撑相时间缩短,跑步时被腾空相取代。这与体育中的跑步周期是一致的。支撑相分为支撑相早期、

中期、末期和摆动相前期。

摆动相是指支撑腿离开地面向前摆动的阶段,也分为摆动相早期、中期和末期,分别指足离开地面、足在迈步中期、迈步即将结束的几个时相。

(2) 时空参数

步频,单位时间内行走的步数。正常人平均自然步频为 95~125 步/分。

步速,单位时间内行走的距离。正常人平均自然步长为 1.2 m/s。

步长,行走时左右足跟或足尖先后着地时两点间的纵向直线距离。正常人为 50~80 cm。

跨步长,指一足着地至同一足再次着地的距离,相当于左、右两个步长相加,一般为 100~160 cm。

步长时间,指一足着地至对侧足着地的平均时间。

步宽,指左、右两足间的横向距离,通常以足跟中点为测量点。

(3) 步行中的肌肉活动

步态异常与肌肉活动异常存在密切关系,所以可以采用生物力学等测试手段进行测试。

视力残疾学生步态异常主要是因为心理作用引发的长期习惯行为,一般并不是器质性的病变,所以一般采用简单的运动学测量,对上述主要数据进行测量,这种方法简单易行。同时辅助以观察,让学生采用自然的步行状态反复数次,教师从前、后、侧进行观察,注意身体姿势和步态,视力残疾学生步态主要观察要点如下:

表 9　步态测试主观察点

步态观察内容	观察要点
步行周期	时相是否合理、左右是否对称,行进是否稳定流畅
步行节奏	是否节奏、速度是否平稳、时相是否流畅
躯干	是否前倾或侧屈、是否放松和自然
膝关节	摆动相屈曲是否合适、支撑相伸直程度是否合适
足	是否足跟着地、是否足趾离地、是否稳定
足接触面	足是否全部着地、两足间距是否合理、是否稳定

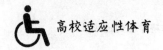

2. 感知功能评定

（1）感觉检查

感觉是人脑对直接作用于感受器的客观事物的个别属性反应，个别属性包括大小、形状、声音、气味等。对于视力残疾学生和运动相关的感觉测试主要包括以下几个方面，个别测试根据视力残疾者情况做了调整：

运动觉：被测者闭目，测试者轻握被测者手指或足趾两侧，进行不同线路运动，让被测者进行描述。

位置觉：被测者闭目，将被测者肢体摆成某一姿势，让其说出所放位置，或用另一肢体进行模仿。

触觉定位觉：被测者闭目，测试者轻握其手指从固定点移动到另一点，让被测者重复定位，看其误差大小。

形体觉：被测者闭目，令其用手触摸一些物体或器材，说出其大小、形状、轻重等。

（2）认知评定

定向测试：对被测者方位、地点进行测试。

听觉注意测试：给出不同声响、不同方位的声音信号、位置和方位测试。

测试主要为教学设计提供依据，根据具体情况和软硬件条件，测试内容可以灵活进行调整。

（二）视力残疾学生适应性体育教学设计

关于适应性体育教学设计的一些理论前面已经进行了分析，在这不再重复，直接进入具体操作的分析，这里以盲人乒乓球为例。

《盲人乒乓球》适应性体育教学设计

一、教学说明

盲人乒乓球技术虽然比较简单，没有普通乒乓球那么复杂，视力残疾学生比较容易掌握，但难点就在于听音判断，并做到动作及时准确，需要很高的辨识能力及反应能力，学习难度也很高。但对于场地、器材要求并不高，对于提升学生综合能力非常有益,而且可以与普通学生的技术学习进行综合练习,是融合学习和适应性体育非常适合的体育项目。

考虑盲人乒乓球的难度及普通学生的学习需求,以及两种乒乓球在技术特点上的差异,以融合为主的适应性体育教学时数应该以两个学期完成比较科学,否则在相对较少的教学时数里很难满足全体学生的需求。

适应性体育教学设计主要以相关测试及学生实际为依据,结合视力残疾学生的运动及生活的现实需求,以盲人乒乓球作为媒介,将身体机能发展、听觉感知强化训练、触觉感知强化训练、空间方位感知及反应能力、独立活动能力、交流合作能力等与盲人乒乓球运动技能学习相融合,从而提升视力残疾学生综合能力的发展。

二、教学单元划分

1. 单元教学主要内容

➤ 盲人乒乓球基本规则介绍

➤ 听觉感知强化训练

➤ 触觉感知强化训练

➤ 空间方位感知及反应能力强化训练

➤ 盲人乒乓球基本技战术训练、常规乒乓球技战术训练

➤ 盲人乒乓球技术运用综合训练

单元教学主要分为以上六个部分,除了第一单元直接介绍盲人乒乓球基本规则外,后面三个单元主要将盲人乒乓球所需感知觉融入强化训练中,为后面技术学习奠定基础,否则直接进入技术学习,会有很大的难度,学生很容易产生厌倦情绪,学习效果也将事倍功半。

2. 教学目标

知识	1. 学习盲人乒乓球基本知识 2. 学习锻炼及康复的基本知识 3. 学习技术及动作完成的基本原理
能力	1. 提升听觉、视觉及运动感知能力 2. 提高空间定位、反应能力及应变能力 3. 分层掌握盲人乒乓球及普通乒乓球基本技术和基本活动技能 4. 提高自我保护能力
情感	1. 培养自信心及主动参与意识 2. 培养协作配合意识 3. 不同环境适应力培养

3. 教学策略

➤ 分层教学:根据残疾学生及普通学生情况分层设定教学目标和教学活动。

➤ 实际操作:通过实际操作、游戏、比赛等形式掌握学习(活动)内容。

➤ 合作学习:通过合作学习,培养合作意识,学习合作技能,提高知识和技能学习的成效。

➤ 协同教学:教师分工合作,增加教学针对性、有效性、同步性。

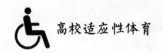
（续表）

三、整体教学安排

虽然划分为六个不同的单元,但各单元并不是孤立的,整体内容设置是递进、交叉进行的,以保证分层教学的系统性、独立性和完整性。下面以残疾学生的适应性体育教学设计为主,涉及普通学生的教学内容不做详细分析。

四、各单元设计如下:

盲人乒乓球基本规则简介:

(一) 赛前准备及球台结构简介

1. 比赛中,无论全盲、弱视一律佩带眼罩。

2. 比赛开始之前先抽签或采用其他方式,确认发球方或选择场地。每人发五个球后,交换发球权。正式比赛采取每局 11 分制,三局两胜。

3. 球台台面为白色或者浓绿色,标准球台台面通常是用没有接缝的一整张木板制成。球台侧面及两端设置侧边框(60 厘米)和底边框(150 厘米左右),侧边框和底边框高 1 厘米。连接球台两端底边框中心点的线称为中线,将球台分为左右两部分;侧边框顶端的连线称接发球线,比赛过程中的接发球区就位于接发球线、底边框和侧边框之间的范围内。球网要高出台面 4 cm 到 5 cm。球台的长、宽、高与一般的乒乓球球台相同。

(二) 打法要领及得分规则

1. 预备动作

向台面弯下腰,不要远离台面,将球拍稍微向前倾斜,随时靠近底边框,左右移动时也不要离开台面。

2. 发球要领

(1) 从自己台面的右侧面向对方发向对面球台的左侧。

(2) 发球前,必须告诉对方"发球了",在对方回答"好"后,方可以发球。

(3) 发球时,如果球碰到网,则算作发球方的失误。

(4) 发球前,禁止球拍触球,双击发球将被判罚失误。

3. 接球要领

(1) 接发球时认真确认中线,看是否发到自己台面的右侧,中线左侧的球可以不接。

(2) 为确保接球的力度和击球方向准确,应尽可能按照球发出的声音所指示的方向,在底边框和两侧边框之间,迅速地左右移动,在球的正面,接近了以后,再击球。

(3) 注意控制击球力度,接力量大的球时,尽量垂直地击球,以避免斜球,造成球飞出台面而失分。

(4) 比赛进行中,对方击过来的正在滚动的球未到达接发球线时,仍然可以接球。

4. 得分

自己得分:

(1) 击出的球碰到对方底边后还落在台面上。

(2) 击出的球对方没有接,球两次碰到对方底边框或侧边框之后才飞出台面。

(3) 击出的球在对方接球前停在对方接发球区内。

(4) 对方没有将球击回或者接球后球飞出台面。

对方得分:

(1) 发球失误(A 发球时两次击球;B 发球前球拍触球;C 发球时球触网)。

（续表）

（2）击出的球直接飞出台面。

（3）击出的球，对方没有接球，球碰到对方底边框或侧边框后直接飞出台面。

（4）击出的球触网后球停止或飞出台面。

（5）击出的球没过对方接发球线。

教学内容	教师组织	学生活动	设计构想
单元一： 盲人乒乓球基本规则介绍 ➢ 盲人乒乓球基本规则。 ➢ 常规乒乓球基本规则。	1. 先介绍两种乒乓球基本规则，全体学生蒙住双眼，通过触摸对常规乒乓台、乒乓球和盲人乒乓球台及乒乓球进行对比。 2. 根据球台数量及视力残疾学生人数进行混合分组，并进行触摸学习。 3. 教师进行教学组织，对对效果进行评价和反馈。	1. 仔细听教师讲解。 2. 按分组有序进行球与球台的触摸对比。 3. 可以安排专人负责，分别进行有序的尝试。 4. 分别由普通学生和残疾学生进行讲解，说出各自不同的感受。 5. 根据教师反馈重新进行对比讲解。 6. 强调纪律，确保尝试或移动时的安全。	1. 让普通学生站在残疾学生立场去感受他们的不易。 2. 建立基本的信任关系。 3. 让残疾学生敢于展示自己和表达自己的观点。
单元二： 听觉感知强化训练 ➢ 听不同声音信号判别方向、方位。 ➢ 听不同声音信号进行跟随走、跑。 ➢ 通过拍球、滚球等多种方式，判断方向、速度、高度、力量，并做出接、拍、抱、躲等动作。 ➢ 听不同节奏进行跟随、跳、跑、跳绳等动作。 ➢ 根据声音判别球或物体离开（滚、抛出、掷等）的方向、距离等。	1. 教学组织形式以集体教学、个别教学、小组教学交替或混合使用。 教师可以先集体教学，进行教学内容的讲解，然后进行简单的练习。但具体练习时，如果残疾学生人数少可以进行个别教学，但人数多，就要采用小组练习或教学，教师或普通学生按要求对残疾学生进行练习。当普通学生进行练习时，教师可以根据情况分组练习，这时	1. 合作学习时，普通学生提供教学帮助时，可以不蒙住双眼，严格按教师要求对残疾学生进行练习，当双方练习时一定蒙住双眼，以保证体验的真实性和练习的有效性。 2. 残疾学生配对练习时，一定要有教师或辅助人员在场，一是保证安全，另一方面增加练习的效率。 3. 练习时尽量避免相互间的干扰，练习场地尽量分散，个别练习受环境影响	1. 协同教学时，教师要明确各自任务、严格控制时间和教学流程，以确保不同层次学生教学内容的落实。 2. 双方的练习要有耐心，为了增加练习的兴趣，双方可以交叉进行常规乒乓球及盲人乒乓球的尝试。但要以保证安全为前提。

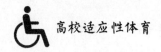
教学内容	教师组织	学生活动	设计构想
➢ 听不同信号做出相应的快速反应。 ➢ 普通学生的球性及基本技术练习一。	残疾学生可以一起复习巩固。 2. 教学策略针对教学组织形式,采用合作学习及协同教学模式。 采用合作学习可以减轻教师负担,同时培养学生间的协作和交流。 采用协同教学可以在普通学生进行常规学习时进行分层教学,满足学生不同需求。也能根据残疾学生情况进行协同,满足个体化要求。 3. 适当安排一些游戏或比赛。 4. 练习时尽可能结合盲人乒乓球台的长度、宽度、高度、规则等进行设计和练习。	比较大时,可以依次练习或指定小组练习。	
单元三: 触觉感知强化训练 ➢ 对不同体育器械、器材、设施、设备等进行触摸感知。 ➢ 对不同身体姿态进行感知。 ➢ 对不同技术动作的完成情况(路线、速度、方向、力度、高度、距离、时间等)进行感知。	1. 教学组织形式、教学策略及教学要求同上。 2. 因为要进行身体的接触,一些动作的完成尽量让同性学生一起完成,或在教师辅助下完成。	1. 要求同上。 2. 学生刚开始配合会比较拘谨,教师可以先进行示范讲解。有条件的进行一对一的教学,如果师资不足,可以对表现突出的普通学生进行集中培训后,让他们分担部分任务。	1. 设想同上。 2. 身体接触会让双方拘谨,但也能让双方更加信任,教师的引导非常重要。

教学内容	教师组织	学生活动	设计构想
➢ 对不同障碍物（地面、重量、形状、大小）进行感知。 ➢ 普通学生的球性及基本技术练习二。			
单元四： 空间方位感知及反应能力强化训练 ➢ 直线、折线、曲线行走练习。 ➢ 听信号或口令进行不同角度转体练习。 ➢ 模仿线路行走练习。 ➢ 跟随走、跑练习。 ➢ 按指引物（导绳）快速移动练习。 ➢ 户外辨别方向练习。 ➢ 声音定位行走训练。 ➢ 将带声音的球滚出并迅速找回。 ➢ 不同声音信号的快速反应练习（后退、下蹲、转身跑等）。 ➢ 相关游戏 ➢ 普通学生的球性及基本技术练习三。	1. 教学组织形式、教学策略及教学要求同上。 2. 练习容易造成摔倒、碰撞的危险，在组织和调动时要特别注意安全。	1. 要求同上。 2. 要严格按要求的速度、线路进行练习，禁止拖拽、随意变更线路的行为。	1. 同上。 2. 练习对双方的信任和责任心提出了更高的要求，也对教师的组织和管理提出了更高的要求。
单元五： 盲人乒乓球基本技战术训练、常规乒乓球技战术训练	1. 教学组织形式、教学策略及教学要求同上。	1. 要求同上。 2. 这个阶段，普通学生容易产生厌烦	1. 同上。 2. 这个阶段是学生各种

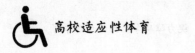

教学内容	教师组织	学生活动	设计构想
➢ 盲人乒乓球的站位、准备姿势、握拍等基本技术。 ➢ 盲人乒乓球的移动、发球、推、挡、攻等技术。 ➢ 盲人乒乓球的基本战术。 ➢ 普通学生的基本技战术练习四。	2. 这部分是最困难的部分，涉及实际应用，而且范围更小、球速更快，变换更多。练习从分解练习到完整练习、从单一动作到组合动作、从一人辅助练习到对练、从练习到游戏、从游戏到比赛，循序渐进，并区别对待。 3. 此时教师要对每位学生、不同层次的学生的学习进度、程度要非常熟悉，以便采取最合适的教学形式和教学策略。 4. 教师要通过让视力残疾学生触摸自己技术动作完成情况感知技术动作的结构、姿势、路线、方向、速度等等，也要手把手地让学生了解用力的感觉、身体的整体协调等。 5. 通过不同口令和声音信号，和不同的动作联系起来，当残疾学生听到声音信号就能做出相应动作，提高练习效率。	情绪，有的更愿意参与常规乒乓球练习，而不愿意与残疾学生进行协作。教师一方面要考虑到他们的需求，另一方面要善于引导，也要加强管理和约束。 3. 让视力残疾学生进行常规乒乓球练习尝试也未尝不可。但在尝试时要确保在其能力范围内进行，否则反而会引起挫败感。	感知觉综合应用的过程，容易产生急躁情绪，因此用游戏等方法进行缓解，增加练习的乐趣。

教学内容	教师组织	学生活动	设计构想
单元六： 　盲人乒乓球技术运用综合训练 ➤ 各种听觉、触觉的生活化感知练习。 ➤ 不同形式的游戏和比赛。 ➤ 普通学生的基本技战术综合练习。	1. 这个阶段可以适当让普通学生及残疾学生分开练习，一是双方已经可以单独练习，另一方面可以满足不同层次学生的需求，达到不同的教学目标。 2. 可以增加生活化的场景进行练习，增强互动性、挑战性、竞争性。	采取多种方式让学生有更丰富的体验，增加相互的理解。	最终达到教学与学生身、心相适应；教学与生活、学习相适应；教学达成多方的理解、信任和合作。

三、视力残疾学生适应性体育教学形式与教学策略应用特点

适应性体育的教学形式和教学策略在前面章节已经做了比较详细的分析，在此只是针对视力残疾学生的情况进行一下说明。

第一，因为视力残疾学生的特殊性，直观的示范信息无法直接转换为自我信息，如果没有一定的经验和知识积累，教师的讲解也很难转化为有用信息供学习所用，所以集体教学只适合在前期对直观信息要求不高的讲解和介绍，或是后期学生已经掌握了比较熟练的动作技术和有了较丰富的信息积淀，能够通过声音信息或口令进行自我练习时采用。在具体学习阶段还是以个别教学和小组教学为主，无论是志愿者，还是同学，在辅助教学时，需要教师进行一定的培训，并且在辅助时，教师能巡视指导，以避免错误的信息输入。

第二，视力残疾学生的适应性体育教学需要一定的师资配备，一些特定练习，对场地和环境也有一定要求，教学中需要花费更多的时间和精力，在教学时数和教学内容上要适当延长和精减，志愿者及辅助人员等课内、外支持也比较重要，有条件的可以提供与教学相关的或配套的盲文教材或音频

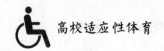

资料,对于低视者,还要保证合适的照明,并提供放大镜或放大仪等。无障碍设施要齐全,除了保障正常学习、生活外,也是教学安全、有效实施的重要保障。

第三,在教学初期,教师间的协同、教师与学生的协同、教师合理科学的组织和管理是非常重要的,要培养全体学生良好的行为习惯、协作精神和集体意识,否则就会出现混乱、无序、冷场等情况。对普通学生要提出更高要求,培养他们主动协作和奉献的精神。教学形式和教学策略的运用一定要灵活,不能墨守成规,需要根据教学实施中的具体情况及学生表现及时做出调整。

第四节 视力残疾学生适应性体育教学无障碍环境建设

视力残疾学生是残疾群体里行走最为困难的群体之一,目前对于生活、学习中的障碍主要还是依靠手或盲杖的触觉反馈及环境中各种声响的反应,低视力者对一定的光线照度和颜色有一定视觉反应。在他们熟悉的环境里,环境相对稳定,他们的行动还比较自如,但一旦离开了熟悉的环境,如果没有无障碍设施作为保障,就会面临各种困难和障碍,严重的将会影响正常生活和学习的进行。如没有盲道、盲文按钮、盲文标志、立缘石等,室内的弹簧门、光线不足的走道、不连贯的扶手等,都会给视力残疾群体的通行和使用带来不便和危险。高校的无障碍设施应该是全范围的,而不是局限于某个范围内,这样相当于变相地缩小了残疾学生的生活圈,阻碍了他们与外界的无障碍联系。

从适应性体育的角度出发,无障碍设施应该保障视力残疾学生在课堂内、外进行体育参与、锻炼、康复时能够独立地、安全地到达相应场所,并能进行适合他们的一切活动。

下面就对所涉及的无障碍因素进行分析:

1. 视力残疾学生的行动特点

全盲者需要借助手、盲杖等辅助工具行进,行走迟缓,在生疏环境更加谨慎,在体育参与中更多借助手、听觉感知环境、定位、定向,体育环境更加多变,对于行动的范围、自如造成更多不变。

低视力者对物体大小、色彩反差、光照强度等要求更高,但低视力学生会尽量利用剩余视力来辨别事物,触觉和听觉反而没有全盲学生敏感,在体育参与中可能会盲目自信或想证明自己,反而容易造成学习时的松懈和伤害事故的发生。当然如果能正确发挥自己的优势,他们学习的速度会比较快。

2. 视力残疾者触摸及行走的范围

触摸的范围以成年女子身高为基础,取 1 600 mm,下限以成年男子身高为基础,上臂自然下垂,前臂斜伸向地面成 45°角,手指尖距地面高度为 700 mm。徒手行走时,手臂伸展,上臂向前倾约 45°角,前臂平伸以成年男子计,自人体中心线伸出约 650 mm。如果是为盲人设立的各种信号标志、设施、器材、设备,可以在这个范围内进行设置,如果是涉及一些可能伤害的物品,比如电源、器材等就尽可能放置在触摸范围以外。如果使用盲杖沿墙壁行走,盲人的脚离墙根处约 300~500 mm。在转弯等地方应该预留空间,不能摆放障碍物,否则他们没有反应的空间,很容易撞上。

3. 视力残疾学生容易碰撞的危险范围

在他们触摸范围的盲区,即地面以上 1 300~2 000 mm 的头部,400 mm 以下的小腿部分,就是容易发生碰撞的部位。

突出墙面的设施,如器械的架子,当其外缘的尺寸在地面之上 685 mm 以上,其突出部分从墙面伸向场地、走道的突出度不应超过 100 mm,盲杖可能无法探知。当突出部分的外缘设置在离地面 685 mm 高度以下,则突出度不受限制,比如场地墙边摆放的储物柜、凳等。

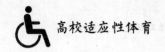

4. 视力残疾学生指引的设施和标志

主要利用视力残疾学生听觉、触觉比较敏感的特点,运用触觉、听觉,低视者还可以利用光、颜色为他们提供需要的信息。

用手、脚可以感知材料表面的软硬程度、弹性、粗糙、平坦、倾斜等,由此提供不同的信息。用不同粗细、软硬的材料可以划分不同的区域。大部分的场馆、场地是面向普通学生的,活动区域、休息区域、器材区域等不用特别划分,但视力残疾学生在场地上完全没有参照物,不知自己在什么地方,活动范围、方向可能都无法准确识别,因此可以进行设置,帮助他们快速适应场地和环境。

这种触感导向物用处比较广泛,室内、室外的触感导向物、坡道上的触感导向物,墙面、扶手、路牌等表面都可以设置,提供必要的信息。

当然,场馆和场地不是为某一群体使用的,可能会有多个群体共同使用,前面说过使用轮椅的学生可能要求地面光洁,视力残疾学生可能要求能表征场地特点的地面,轮椅学生可以为了移动方便不要求过软的地面,视力残疾学生因怕摔倒受伤而要求软质地面。所以场馆和场地的无障碍设计不能偏重某一群体需求,而损害另一群体,还是要权衡利弊,综合考虑。

5. 符号标志

从视力残疾学生生活区、学习区到教学区、活动区,都应该体现无障碍理念,在必要的地方都应设置盲文,设置高度离地面 1 200～1 600 mm。在道路方向、空间划分、功能划分上,可以设置凸出高度在 5 mm 左右的图案。场馆及场地的标志除了给普通学生提供信息,也要考虑低视力学生的需求,在颜色、大小上进行兼顾。

6. 声音标志

现在的声音感应装置有很多,有专门的,也可以进行改造,为视力残疾学生进出、范围限定、场地划分、器材区分、危险指示等进行提示,这比触觉更加直接快速,在教学中可以有意识进行使用。

　　总之,以视力残疾学生适应性体育教学为中心,其可能涉及的视力残疾学生的生活、学习、锻炼、休闲等区域的无障碍设施应该成体系、成系统、标准化、规范化,让视力残疾学生在能够安全、有效地接受体育教学的同时,能够轻松愉悦地享受体育带来的休闲、娱乐及身心的健康发展,而这些无疑和无障碍环境建设紧密相连,是适应性体育教学的重要组成。

第七章

听力障碍学生的适应性体育

第一节　听力障碍概述

一、听力障碍的定义

听觉系统中的感音、传音以及听觉中枢发生器质性或功能性异常，而导致听力出现不同程度的减退。听力障碍导致的言语障碍，主要表现为不会说话或者发音不清，不能通过听觉言语进行交流。

二、听力残疾的分级标准

1. 听力残疾分级原则

按平均听力损失及听觉系统的结构、功能，活动和参与，环境和支持等因素分级（不配戴助听放大装置）。注：3 岁以内儿童，残疾程度一、二、三级的定为残疾人。

2. 听力残疾一级

听觉系统的结构和功能极重度损伤，较好耳平均听力损失大于 90 dB HL，不能依靠听觉进行言语交流，在理解、交流等活动上极重度受限，在参与社会生活方面存在极严重障碍。

3. 听力残疾二级

听觉系统的结构和功能重度损伤,较好耳平均听力损失在(81～90)dB HL,在理解和交流等活动上重度受限,在参与社会生活方面存在严重障碍。

4. 听力残疾三级

听觉系统的结构和功能中重度损伤,较好耳平均听力损失在(61～80)dB HL,在理解和交流等活动上中度受限,在参与社会生活方面存在中度障碍。

5. 听力残疾四级

听觉系统的结构和功能中度损伤,较好耳平均听力损失在(41～60)dB HL,在理解和交流等活动上轻度受限,在参与社会生活方面存在轻度障碍。

三、听力残疾学生的生理及心理特点对体育参与的影响

听力残疾学生能够参加大部分的体育活动,但要尽量避免强烈旋转和增大头颅内压的运动。但是受到他们生理缺陷的影响,从身体外在看,似乎没有问题,但实际学习时,还是会受到一些潜在因素的影响。

听力损失无法感知或不能清晰感知语言的声音刺激,从而使语言材料的记忆不牢固、不准确,一般又会影响到正常的发音,造成言语障碍、发音不准确、记忆也不准确。缺少语言方面的刺激、强化和信息输入,加之语言交流方面可能也不流畅,交流互换信息、信息的更新都会减少,也会影响相应的理解能力,机械式记忆会增加,记忆效果就差。但听力残疾在模仿及操作能力上都不低于正常人,甚至比普通人强。由于技术学习时,目前的师资很难做到及时地用手语或其他形式等进行及时沟通,所以在学习过程中不能及时接收到对于动作技术的讲解,更多时候是观察和模仿,对动作细节及原理的理解和认识就比较滞后或薄弱。

因此,在适应性体育教学中,最好能在上课前提供必要的文字、视频资料,让学生能提前预习并理解,有条件的,应该配备体育特教手语教师或对

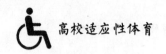

任课教师进行相关培训学习,在课堂教学时,配发相应的文字等支持材料,加深技术动作的理解力,提高教学效率和效果。当然,如果能建立体育支援教室或多媒体网上视、听、读平台,进行多方位的支持,那么是最理想的。

第二节　听力残疾学生适应性体育参与的特点与目标

听力残疾学生在运动实践和参与方面与普通学生从外在表现看,并没有明显的不同,但在细节上还是存在差异,适应性体育就是要体现对于这些细节的关注,最大化地适应他们身心的发展特点。

一、感觉和知觉是不同又不可分割的心理过程

前者反映物体的个别属性,后者反映事物的全局。感觉信息越丰富,知觉也就越完整。听力残疾学生知觉形象主要成分来自视觉形象,不能和普通学生一样形成视听综合形象。而语言会包含丰富的属性、概念、认知等信息,听力残疾学生就可能失去对外部世界一些重要信息的获取和理解。

适应性体育教学就需要主动利用体育这一手段,搭建这一信息通路,不能满足于学生技术动作或活动完成的表象,对于听力残疾学生,如果建立了有效通路,他们在体育学习中以直观思维的习惯就能慢慢转变为以逻辑为主的思维。因此,他们完全有能力进行高质量的学习,特别是体育学习以身体运动为主,听力不应该成为学习的障碍。

二、听力残疾学生情感领域的特点和目标

虽然有研究指出听力残疾者在成长的不同时期会出现缺乏创造力、缺乏安全感、注意力不集中、不合群、缺乏自信心等问题,但并没有足够的证据表明他们有明显的不同于普通人的"个性"。所以不能先入为主地认为他们会具备什么个性或性格,从而做出有可能伤害他们自尊的行为。

但在现实生活和学习中,他们的困扰,我们应该给予充分理解,因为初次上课时,从外表是不能区分出他们的不同,此时如果学生间进行交流,他们会表现出茫然、不知所措,所以教师应该将这些问题提前进行预案,并在发生前告之全体学生,避免不必要的尴尬发生。因此,体育教学中主要还是要培养他们敢于表达、敢于展现自己,树立自信,快速融入集体的能力。这和普通学生的培养目标并无太大区别,只是在学习方法、教学方式和目标定位上有所区别而已。

三、听力残疾学生运动技能学习的特点和目标

听力残疾学生能够胜任大部分的运动技能学习,而且在要求上与普通学生的学习没有太大的区别,但是在教学内容上就需要考虑适应他们的特点和发展需求。因为听力缺陷,他们对于节奏感的运动或活动没有太多经验,可以在教学中加强这方面的训练,培养他们的节奏感知,享受运动带来的不一样的感受。

因为听力受限,所以如果需要进行和口令相结合的项目,就要注意是否能保证听力残疾学生看到相应的手势或标志,否则会造成无法练习或受伤的可能。当然,蒙眼或闭眼等练习是不适合他们做的。一些听力残疾学生有读唇语的能力,所以教师讲解时,尽量安排他们站在前面,并在讲解时面对他们,让他们清楚看到教师口型。如果需要做示范,最后讲解完再进行,或尽量采用他们能看到嘴型的示范体位进行。

第三节　听力残疾学生的适应性体育教学设计

一、听力残疾学生适应性体育教学设计前的基本测试

普通人对于节奏感的体验大多来自声音信息,而听力残疾学生在这方面就存在欠缺,而技术动作的完成或日常生活中的许多事情也是需要这种

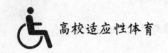

节奏感知的,所以适应性体育可以有意识加强这方面训练。另外,在学习过程中,听力残疾学生主要还是依靠视觉来进行信息的获取,所以他们的视野范围对于他们完成相关练习时的速度、安全等都有关系,因此视野范围也可以进行简单测试。

(一)节奏感简单测试

1. 根据教师示范进行节奏练习

教师进行各种节奏示范,从徒手逐渐过渡到持简单器械,如拍球等。学生根据教师示范进行节奏练习,教师主要通过观察看学生模仿效果和正确率。

2. 根据图示进行节奏练习

用图示表示节奏的变化,让学生进行快、慢、移动等节奏练习,看学生理解能力和快速反应能力。

3. 根据文字提示进行节奏练习

用文字提示学生应该怎么做,学生根据文字提示进行练习。

三种方法难度不同,一是测试学生的节奏感,二是测试学生对运动节奏的理解力,三是通过测试选择最适合学生的练习方法和提示方式。

(二)视野简单测试

视野是指单眼固定注视正前方一点时所能看到的空间范围。

1. 测试器材

视野计,各色(白、红、黄、绿)视标棒,视野图纸,铅笔。

2. 测试步骤

(1)观察视野计的结构,熟悉使用方法。

（2）在明亮的光线下，受试者下颌放在托颌架上，眼眶下缘靠在眼眶托上，调整托架高度，使眼与弧架的中心点在同一条水平线上。遮住一眼，另一眼凝视弧架中心点，接受测试。

（3）实验者从周边向中央缓慢移动，紧贴弧架的白色视标，直至受试者能看到为止。记下此时视标所在部位的弧架上所标之刻度。退回视标，重复测试一次，待得出一致的结果以后，将结果标在视野图的相应经纬度上。同法测出对侧相应的度数。

（4）将弧架依次转动 45°角，重复上述测定，共操作 4 次得 8 个度数，将视野图上 8 个点依次相连，便得出白色视野的范围。

（5）按上述方法分别测出该侧的红色、黄色、绿色视野。

（6）同法测出另一眼视野。

3. 注意事项

（1）测定视野时受试者背光而坐，眼睛疲劳时应略作休息。

（2）被测眼一定要固定注视弧架上的中心点，眼球不得转动，而是用余光观察视标。

（3）测颜色视野一定要看清是什么颜色的视标，方为有效。

4. 基本标准

正常人的视野范围：白（90°）＞黄、蓝（80°）＞红（70°）＞绿（60°）、颞侧（90°）＞鼻侧（50°），下侧（60°）＞上侧（50°）。有研究表明，运动有益于视野的扩大。

二、听力残疾学生适应性体育教学设计、组织和实施

下面以一个具体案例来说明适应性体育教学是如何通过技术学习提升听力残疾学生的运动节奏能力的。

篮球适应性体育教学案例

一、教学分析

（一）教学内容

本节课主要学习篮球防守技术、双手胸前传球技术、篮球运球技术。

（二）教学目标

通过学习达到以下几个目标：

➢ 学习掌握篮球侧滑步、前滑步移动技术。

➢ 学习掌握双手胸前传球、反弹传球技术。

➢ 学习掌握篮球高、低运球技术。

➢ 通过技术学习掌握和体会各种节奏变化。

➢ 通过学习提升学生速度素质及反应能力。

（二）教学形式及教学策略

本次教学根据学生情况，采用集体教学及配对教学为主，施以学生合作学习、教师协同的教学策略。集体教学时学生站在前排中间位置。

二、教学资源的选择

篮球，提示牌，红、黄、白旗，哨子，黑板。

*因涉及篇幅问题，主要呈现的主体部分，教学内容中具体技术的分析和讲解也进行了省略。

教学内容	教师组织	学生活动	设计构想
一、篮球移动技术 ➢ 侧滑步技术 ➢ 前滑步技术	1. 教师讲解示范侧滑步及前滑步技术。根据学校条件及师资提供如下必要材料： ➢ 边讲解边进行必要板书。 ➢ 提供简洁明了的文字说明材料。 ➢ 事先准备好的文字说明展板。 ➢ 用投影同步展示PPT文字说明。 ➢ 教师手语同步。 2. 教师讲解示范不同节奏的滑步变换练习。 ➢ 按同一节奏进行左右前后滑步练习，熟悉不同节奏的快慢感觉。教师也可以把节奏快慢与	1. 最好事先把文字材料提供给听力残疾学生，以免集中讲解时占用过多时间。 2. 如果两名以上教师，可以采用平行协同或嵌入式协同策略，分别进行教学，从而节省时间，提高效率。 3. 普通学生同样要把旗子、提示牌等对应的节奏记清楚，否则练习时容易出现碰撞事故。 4. 配对练习时要按老师要求进行节奏变换，等熟练后，可以提供自由练习时间。	1. 熟悉不同节奏对应的提示板、旗等。能够熟练识别，并做出快速反应。 2. 将速度素质融入技术学习中一起进行，增加练习的趣味性。

教学内容	教师组织	学生活动	设计构想
	旗子颜色对应起来。比如红、黄、白旗分别代表慢、中、快。 ➢ 按不同快慢节奏变换练习。 ➢ 通过旗子的不同组合进行节奏变换练习，同时旗子也可以进行方向指示。 也可以配合哨声一起进行，方便普通学生进行练习。 ➢ 提供的材料同上。 3. 进行配对分组练习。		
二、篮球运球技术 ➢ 高运球技术 ➢ 低运球技术	1. 教师进行讲解示范。提供材料的要求同上。 2. 分别按同一节奏进行高、低运球练习。 3. 按高—低—高、高—高—低、2 高—1 低—2 高等不同的组合模式进行。 4. 按左 2 高—右 2 高、左 2 高—右 2 低、左 3 高—右 2 低等不同的组合模式进行。 5. 不同节奏的移动运球练习。 6. 教师一定要在练习前明确不同节奏的提示标志，较复杂的练习最好由两名教师配合完成。	1. 要求同上。 2. 运球初期，普通学生可以适当看着球练习，但听力残疾学生因为要看教师提示，所以不能低头看球，这同技术要求也是一致的。	在巩固、提升篮球运球技术的同时，提高节奏变换的难度，并训练学生的应变及反应能力。

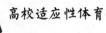
教学内容	教师组织	学生活动	设计构想
三、篮球传球技术 ➤ 双手胸前传球 ➤ 反弹传球	1. 教师进行讲解示范。提供材料的要求同上。 2. 分别按同一节奏进行双手胸前、反弹传球练习。 3. 按快—慢—快、快—快—慢、2快—1慢—2快—等不同的组合模式进行。 4. 教师一定要在练习前明确不同节奏的提示标志，较复杂的练习最好由两名教师配合完成。	1. 要求同上。 2. 进行传球练习时，因为听力残疾学生要关注教师提示，所以应面对教师，并且不要有阻挡，教师也可以站在高台上进行指挥。 3. 因为听力残疾学生听不到，所以在传球前一定要通过目光对视或手势，明确可以传球再传，否则会出现伤害事故。 4. 配对练习要保持合适距离，因为从其他方向来的球，听力残疾学生无法听到提示声音，进行及时躲避，也可能造成伤害。	1. 强调相互间的配合，对球性和技术也有更高要求。 2. 后期的移动传球，双方的配合就非常重要，要快速观察教师提示，快速反应并进行练习。这同实战要求也是符合的。

三、听力残疾学生适应性体育教学形式与教学策略应用特点

从技术动作练习和完成能力来说，听力残疾学生不需要特别对待，能够和普通学生一样进行练习。但最重要的问题就在于，如果没有及时有效的信息输入，教师的讲解不能与技术学习同步进行，听力残疾学生的技术学习往往会以观察、模仿为主，不能对技术原理、细节、动作结构特点、用力感觉等及时理解和学习，就造成学习停留在表面。另外，对于其他信息，诸如锻炼方法、康复知识等这些有可能随堂出现的信息，学生也得不到及时接收或没时间接收，造成学习的不完整。

因此，我们强调课内、外的支持提前性、及时性，只有做到提前、及时，才

能确保适应性。

提前性是指通过志愿者、教师或同学在课前进行指导和预习,如果有条件,可以结合体育支援教室,多媒体视、听、触平台等同步进行,对教学内容的细节、目标提前进行学习,在正式课堂学习时,就可以很快进入状态,提高学习的效率和效果。

及时性是指在课堂教学中,能及时提供手语帮助、文字材料、展板等,有条件的,最好有投影进行文字和视频的同步提示和展示,这既有利于听力残疾学生的学习,对普通学生也是非常有利的,能够提升整体学习的效果。

学生间的合作及教师间的协同,主要是在保证安全性的前提下,能够让听力残疾学生及时获得练习信息,保证学习和练习的流畅性。因此,手势、旗势、提示板、数字信息等的提供和使用应规范化、明确化、统一化。当听力残疾学生在学习过程中看到相应提示就能迅速明白其代表的含义,并做出快速反应。如果提供了适应学生个体需要的教学环境,残疾学生就能够很好地融入正常教学之中,这也是适应性体育开展的初衷。

第八章

自闭症学生的适应性体育

第一节　自闭症概述

一、自闭症的定义

孤独症(autism),又称自闭症或孤独性障碍(autistic disorder)等,是广泛性发育障碍(pervasive developmental disorder,PDD)的代表性疾病。《DSM-IV-TR》将 PDD 分为 5 种:孤独性障碍、Retts 综合征、童年瓦解性障碍、Asperger 综合征和未特定的 PDD。其中,孤独性障碍与 Asperger 综合征较为常见。

临床上首次描述孤独症是在 20 世纪 40 年代。1943 年,美国医生 Kanner 进行了报道,并命名为"早期婴儿孤独症(early infantile autism)"。他当时描述这个类群的患者特征如下:严重缺乏与他人的情感接触;怪异的、重复性的仪式性行为;缄默或语言显著异常;高水平的视觉—空间技巧或机械记忆能力与在其他方面学习困难形成对比;聪明、机敏且具有吸引力的外貌表现。在此之后,自闭症虽然越来越被关注,也被更多的人了解和接受,也有学者进行了广泛的研究,但目前治病原因还不是很明确,但其临床的一些典型表现基本得到了大家的认同。适应性体育也是基于这些共性的表现,尽可能利于体育特有的功能,针对自闭症的典型症状进行设计和实施,最大化地发挥体育的特点和作用,减轻自闭症症状或尽可能帮助自闭症学生进行康复和治疗,让他们尽可能融入正常学习和生活之中。

二、自闭症学生体育参与的可能与问题

一般进入高校学习的自闭症学生在某些症状上的表现可能就会比较轻微,比如智能障碍,他们的智力和理解力比较正常,有的甚至比较突出。当然也有传言说自闭症孩子会在某一方面比较有天赋,但根据目前研究表明,这也只是个案,并没有普遍性。他们基本的问题表现在以下三个方面:

1. 社交障碍

自闭症学生在年幼时就会表现出与别人无目光对视,无视别人,表情贫乏,不主动沟通,沉浸在自己世界里,分不清亲疏关系,拒绝拥抱,不喜欢与同伴玩耍,也缺乏兴趣等问题。成年后这些问题依然存在,这对于体育学习而言,则是更大的障碍,因为进入高校的自闭症学生可能有一定的自我学习能力,但体育学习无论是师生还是生生间的交流是必需的,这恰恰也是体育特有的作用和功能,有可能利用体育的特性,促成自闭症学生走出自己的世界,但如何合理发挥体育的功能,这是适应性体育需要面对和解决的矛盾。

2. 语言交流障碍

语言与交流障碍是自闭症学生的主要症状之一,学生个体障碍表现程度不一,但这一障碍就会成为体育学习时的屏障,因为自闭症学生本身就缺乏沟通和交流的主动性,如果语言交流也存在问题,那么就会出现主动、被动学习都出现问题的情况。

3. 兴趣范围狭窄及行为刻板

自闭症学生对于游戏不感兴趣,对于体育参与也可能表现出同样的态度,另外,自闭症学生有自己的刻板行为,不愿意被别人改变,这也给体育教学带来一定困难,如果学生不愿做出改变,有可能教学无法得到实施。因此,在体育活动选择及教学组织形式、策略实施方面考虑的要比其他残疾群体更加仔细,而且随机问题的出现几率也更大,需要教师做出及时的反应和

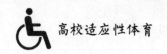

应对,加大了教学的难度。

第二节　自闭症学生的适应性体育教学

一、适应性体育实施的意义及注意事项

自闭症学生虽然与他人交流存在障碍,社会参与也比较困难,但通过与他人一起运动就使问题的解决成为可能。比如,通过跑步、游泳等体育参与,即使没有与他人发生直接的交流和联系,但至少走出了自己的世界,进入到更为广泛的交流空间,让社会参与变为了可能,增进了他们的健康,心智的发展也成为可能。

自闭症学生不擅长或不愿意参与体育游戏这种变化因素比较多的活动,但在操场上沿固定路线跑步还是能够接受的。集体项目中的足球或篮球,相对运球、射门等技术学习比较容易掌握,但集体参与时就会出现障碍。可以看出,自闭症学生更愿意参加能够独自完成的,动作固定、变化较少的项目和活动。同时表现出以下特征:

1. 活动流程的模式化

自闭症学生对于活动的时间、地点、顺序比较刻板,相对固定的流程能让他们更加轻松和接受。

2. 动作的模式化

自闭症学生喜欢动作单一、周期性的动作和活动。比如跑步、游泳、自行车、保龄球、体操等项目,乒乓球、羽毛球等变换快,规律性差、需要互动交流的项目就会存在更大障碍。

3. 指示及说明的模式化

自闭症学生相对比较固执刻板,所以教学中所涉及的一些指示说明在最初讲解时,就对场所、地点、次数、顺序等做到明确、固定,不要随意变更。

目前许多研究也表明,通过体育运动的干预能发展自闭症学生的沟通、社交及认知能力,能减少他们重复性行为的次数、减少攻击行为、提升执行能力及注意力、增强身体协调性并改善运动技能。

二、自闭症学生适应性体育项目的选择及特点

1. 游泳

游泳对于自闭症学生是一项比较适合的运动。因为游泳有明确的起点和终点,同时泳道也被清晰地划分出来,对于自闭症学生关心的"做到什么程度""什么路线"等问题,都呈现出比较清晰的答案,符合自闭症学生心理,容易模式化操作。有的学生在水中能够获得足够的安全感,能够很容易就接受这个项目,但也有学生对于水温、深浅有顾虑,表现出对抗情绪。

在最初学习时,为了避免产生对抗情绪,在线路设置及活动流程上要固定并渐进式推进,流程可参考图15设计。

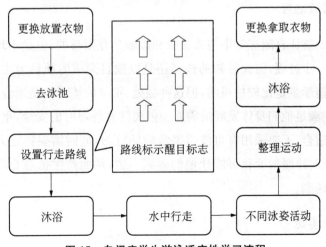

图 15　自闭症学生游泳适应性学习流程

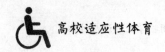

整个流程在学习之初尽量固定,不要轻易改变,包括行走的线路,练习的地点、泳道、次数、时间,让学生逐渐适应,在学习中期和后期,可以适当做出改变,并适当增加互动练习,逐渐培养自闭症学生,不能操之过急。

2. 中长距离跑

很多人认为自闭症学生不适合中长距离跑步,主要认为学生体质不能胜任或不符合自闭症学生特点,其实这是一个误解。选择中长距离跑有两个原因:一是跑步是单一的、重复性运动,有固定起终点,自闭症学生能够安心活动。场地也比较灵活,室外田径场或室外场地都有固定线路和封闭的场地,可以给出明确的目标指示。如"沿着第二跑道跑""沿着墙壁跑""每跑一圈放一标志,当标志放完就结束"等。二是自闭症学生活动量少,普遍存在心肺功能偏低,力量不足的情况。中长距离跑安排得当,能够有效提高他们的心肺功能。同时场地都是开放空间,对他们心智的提高也有好处。

可以让自闭症学生在经过一定的训练后参加一些比赛,比如校运会等,比赛规则简单,他们容易理解和遵守,另外在比赛中他们可以更多感受到来自外界的信息冲击,获得多种感知,对于缓解他们自身所存在的一些问题也是有益的。

3. 器械练习

一开始就让自闭症学生与人交流和接触是有困难的,也是不现实的,所以要一步一步过渡,因此最初的选择还是以独自完成的项目为主。器械练习对于普通学生是比较枯燥的,但这种独处、重复的练习还是适合自闭症学生的,也能满足他们身体发展的需要。但要注意练习时的安全,重量及器械的选择要适合,不要采用有可能带来危险的练习,同时需要特定人员陪同。另外,冬天时冷暖的变化可能让他们感到不适,从而产生抵触心理,这些也要提前考虑到。

4. 球类运动

球类运动对于自闭症学生是最难的,因为涉及协作、交流、对规则的理解、变换的多样等。但这也不是绝对的,对于投球、运球、传球、发球这些较为单一的动作,还是可以完成的。

另外,要解决自闭症学生社交困难、独处、自闭的问题,就需要在他们接受的范围内创造条件去交流、沟通、合作,从这点出发,球类运动可以有多种形式、游戏、比赛、单一练习、复杂练习、对抗、合作等,练习也可以由单一到复杂、由单人到双人再到多人,最后到集体。如果设计合理,能够满足大部分自闭症学生的需求,也能让更多学生融合在一起,有较强的参与性、趣味性,不枯燥,能激发更多学生的参与欲望,对于改善自闭症学生的一些症状是有益的。

5. 乒乓球

如果从协作配合的难度考虑,乒乓球只是两人配合,场地固定,移动较少,有其一定优势。但自闭症学生在空间感、时间感及预判等方面是比较困难的,所以在乒乓球练习时,如果按正常要求练习是很难达到满意效果的,因为配合可能无法完成。但如果做出一些改变,在练习时有意降低练习的难度,比如由教师或球性好的学生进行配合,将小球换成更大的物制球,球拍也换成大球拍,回的球慢点、高点,让自闭症学生可以有比较充分的预判时间,降低动作难度,那么配合就有可能发生了。

练习时也可以由双人练习到三人练习,再到双打练习,协作配合的人增加了,交流沟通的机会也增加了,必要时也可以安排自闭症学生自己练习。

以上只是对一些典型项目的介绍,其实项目选择虽然有一定的限制,但如果能够根据自闭症学生实际进行调整和安排,很多项目都能发挥不同的功能和作用。

第三节　自闭症学生的适应性体育教学策略

针对自闭症学生的教学策略与其他残疾群体的教学策略还是有很大不同的,基于不同的目的,教学策略也有所不同,下面对一些教学策略进行分析和介绍。

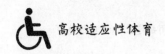

一、自闭症学生社会性沟通教学策略

社会性沟通教学策略主要由交互式初级教学策略、交互式进阶教学策略和直接式教学策略构成。

1. 交互式初级教学策略

以自闭症学生自我选择为主,不是事先就安排好教学内容或活动内容,而是提供给学生几种不同的选择,观察其反应,选择其最愿意接受的一种,这样的好处是给学生一定的选择权,能够发挥其最大动机。

对于自闭症学生选择的内容和活动,教师要给予热情,并对学生表现及时给予表扬和肯定,不要急于求成,要等待并抓住学生参与的时机。

不要只是一味地让学生进行模仿或做活动,对学生关注的焦点,一定加入语言上的说明、讲解、交流、指导,让学生从不同途径获取信息,并形成共同的关注。

2. 交互式进阶教学策略

在练习或活动中,教师要适当地增加一些练习难度或障碍,让学生能够主动挑战或表达,当然难度要以学生能够完成为准,否则会起到适得其反的作用。

可以安排轮换练习,比如乒乓球三人练习,练习到一定次数或时间就换人,让自闭症学生学习主动轮换,表达配合的意愿。在练习前可以明确练习的时间、次数,轮换的方法。

适当增加轮换的方式或自主性,观察自闭症学生是否能做出适时的改变,提醒其他学生,一旦自闭症学生提出自己的意见,不要进行反驳,提升他们的信心和动机。

3. 直接式教学策略

适应性体育学习最终是要改变、激发、提升学生自我学习的能力,体育学习虽然以身体练习为主,但对于自闭症学生要激发他们表达的能力和意识,虽然这很困难,但有必要去尝试。经过前面学习的积累,自闭症学生已经有了一定提升,或者习惯了一定的教学形式,此时教学中要加强信息互换的机会,用提问、布置简单任务、游戏等方式,让学生进行回答或组织。语言上的表达更能体现学生交流沟通、走出自我世界的情况。

二、自闭症学生干预训练的教学策略

干预训练的方案针对不同的学生也是不一样的,但一些共性的东西基本相同,下面做一下简单分析。

1. 运动策略建立沟通与交流

自闭症学生虽然有各种各样的问题限制了他们的交流和沟通,但自闭不是隔绝,体育的身体活动性更容易寻求合适的策略和方式,主动吸引或被动推动他们吸收信息或交换信息。没有最适合的,但一定有最可能的。

体育的示范、讲解、要求要尽量简洁明了,清晰具体,比如将球打到某个区域,不如直接画出准确标志和范围,告诉他们就打到这个范围里。一些动作可以适当进行简化处理,比如需要弧线完成的,可以采用直线直接到位。

除了讲解、示范,也可以采用辅助性工具,比如图示、图片或多媒体等,增加直观性及趣味性,能更好地吸引自闭症学生的注意力,或扩展他们对于某个学习内容单一的看法,扩展他们的信息量。

2. 运用策略提升学生社交和行为问题

自闭症学生有时有自己独特的行为、爱好或兴趣,可以把这种行为、爱好或兴趣充分利用,激发他们学习的动机。比如有些学生非常好动,虽然在约束管理上会出现更多问题,但也能激发他们运动的热情和兴趣,从而缓解和帮助发泄这种情绪。

另外,还是要利用体育的互动性,让自闭症学生从同伴身上发现并学习东西。有时不让他们练习,而是有意识地让他们在旁边观看其他学生的练

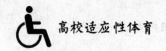

习,给他们观察的空间和时间,也许会有意想不到的效果。

创造不同的情景,让自闭症学生感受不同的行为表达。比如游戏、比赛,让他们感受快乐、轻松、竞争、困难等不同情绪,并感受不同的行为表现。

给他们规定或布置具体的任务,比如跑几圈、投多少次等,不断让他们完成不同的目标,并逐渐加大任务的数量、难度或种类。

三、运用策略帮助感知问题

自闭症学生难以应付不同的环境,可以从简单的场地变换逐渐过渡到场馆变换、场地的布置、器材摆放等,也可以做出不同的调整,每一次调整都要让他们有一个适应的过程,如果不适应,可以调整回去重新适应。

自闭症学生有自己的习惯,比如不喜欢穿运动裤、有自己的习惯姿势等,如果不影响练习和学习,可以不过多干涉。自闭症学生有时会做出普通人认为的不合适行为,或对班里同学友善的拍、摸等行为产生抵触,这些就需要找专业人员指导并进行干预,也要做好其他学生的解释工作,避免产生误会,孤立自闭症学生。

第九章

适应性体育教师教学能力结构

针对残疾群体的教育教学一直充满着各种挑战，除了教师本身需要具备爱心和热情之外，还需要有专业能力、专业素养。一堂课其实就是一个系统工程，而残疾群体的复杂性又让这个工程面临更多的可变因素，在对教师的应变能力、管理能力及实施操控能力等方面就比普通体育教师提出了更高的要求，下面主要就适应性体育教师教学能力素养进行分析。

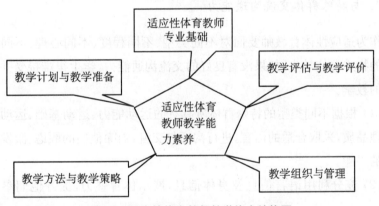

图 16　适应性体育教师教学能力结构图

图 16 表示的是适应性体育教师教学能力结构的组成，主要由五个部分组成，分别是教师专业基础、教学计划与教学准备、教学评估与教学评价、教学方法与教学策略、教学组织与管理，它们是教学顺利实施的基本保证，任何一个环节的不足或缺失都会影响到教学的有效开展。下面进行逐一分析。

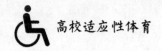

一、适应性体育教师专业基础

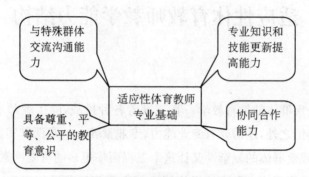

图 17　适应性体育教师专业基础结构图

1. 与特殊群体交流沟通能力

作为适应性体育教师要面对不同类型、不同程度、不同心理、不同身体素质的特殊群体学生,如果没有良好的交流沟通能力,学生很难接受并融入正常的教学。

(1)根据不同类型的特殊群体所具有的运动能力、运动基础、运动体验和心理品质,采取合适的语言,进行沟通与交流,消除他们的顾虑,激发他们学习的兴趣。

(2)充分利用语言信息及身体信息,展示体育魅力,提升他们参与的动机。

(3)善于寻求和接纳不同群体学生的观点,并进行筛选和鉴别,并进行反馈。

(4)设计不同的运动场景,让不同群体有表达的机会、展示的机会、协作的机会、了解的机会。

(5)了解并能熟练应用特殊群体的辅助工具、现代技术进行交流。比如手语、盲文及特殊群体交流所用的技术设备,能够掌握或应用。

2. 专业知识和技能更新提高能力

适应性体育教师不仅需要体育专业知识和技能,也需要掌握特殊教育方面的专业知识及康复、急救等方面的知识,所以需要具备不断更新并完善自己知识结构的能力。

(1) 不断更新特殊教育最新理念、特殊教育原理、特殊教学策略,能够对全纳教育、融合教育、随班就读、差异教学、个别化教学等真正理解并与体育实际结合,根据实际情况实施和运用。

(2) 无论是体育教学、训练、锻炼的技能和知识,还是特殊教育的方法和康复技术,都是在不断更新的,现代信息及科技的不断更新和介入,都迫使适应性体育教师要及时更新自己的知识体系,调整自己的知识结构。

(3) 在适应性体育教学中会涉及解剖、生理、生化、康复、医疗、测量、评价等不同学科和领域,因此要有跨学科的协作能力,在对自己专业知识熟练掌握的前提下,也要具备相关跨学科知识的储备能力。

3. 具备尊重、平等、公平的教育意识

(1) 适应性体育面对的是不同的特殊群体,他们的信息涉及他们的隐私,教师要有保护隐私的意识,这是对学生的尊重,也是保证公正、公平教育的前提,一个不懂得尊重学生的教师是不能胜任适应性体育教学的。

(2) 尊重、公平、平等地对待特殊群体学生是教师应该具备的职业素养,不仅是道德层面的问题,也是对残疾人法律的一种贯彻和尊重。只有具备这种意识,我们培养出的学生才能真正理解和认识适应性体育教育,做到对残疾人真正的尊重。

4. 协同合作能力

(1) 适应性体育的开展,需要课堂内、外,教学内、外,学校内、外的全面支持,教师必须要有协同合作能力,充分利用一切可用资源为教学服务。

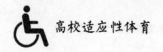

（2）在协同合作时要相互尊重和信任，遇到问题能够及时处理，协商解决。

二、教学计划与教学准备能力

图18　教学计划与教学准备能力结构图

1. 适应性体育教学方法及教学内容的设计

（1）在设计适应性体育教学时，能够及时掌握和熟悉特殊群体学生的全面信息和特征，并迅速做出教学中所需设施、设备、器材、人员及教学环境如何构建、教学内容如何选择的预判。

（2）能够迅速明确教学内容、教学目标、教学任务，并选择合适的教学方法、教学方式、教学策略及实施办法。

2. 适应性体育教学准备

（1）能够熟练设计和应用评估工具，并根据学生情况，在体育支援教室、志愿者、辅助工具、教学支持材料等方面提出合理建议。

（2）对每个特殊群体学生进行分析，并建立教学档案。

（3）确认教学过程所需无障碍设施、设备、工具和人员、师资的准备情况，确保特殊群体学生所需教学资源全部到位。

三、教学方法与教学策略

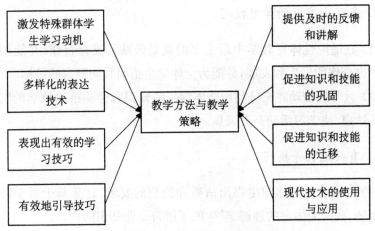

图 19　教学方法与教学策略结构图

1. 激发特殊群体学生学习动机

（1）通过适合的教学方法、方式及策略吸引并保持特殊群体学生对体育学习和参与的热情和注意力。

（2）为每一位学生都制定单独的体育学习、锻炼及康复目标，不仅在课堂上有目标，在课下也给出明确目标。

（3）培养特殊群体学生正确认识体育，并培养良好的体育意识及学习态度。

（4）根据特殊群体学生的身体机能、运动意愿、康复需求，设定合理的期望值，通过一定的努力能够实现，提升学生的学习动机和成就感。

2. 多样化的表达技术

（1）充分应用语言、身体、合作学习、协同教学等多种途径，为特殊群体学生提供多样化的、全面的、立体的体育信息，并与他的生活、学习紧密结合

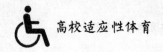

起来。

（2）让特殊群体学生根据自己生活、学习、康复中的需求，对适应性体育的教学内容、实施过程、组织方式等表达自己的观点，并及时反馈和修正。

3. 表现出有效的学习技巧

（1）在适应性体育教学中最主要的就是鼓励和支持合作，并能用有效方法促进合作的发生和发展，并能为全体学生指明共同努力的目标。

（2）教师能带动并充分利用全体学生的知识和经验推动教学的实施和目标的达成，使学习活动高度聚焦。

4. 有效地引导技巧

（1）能对特殊群体学生提出清晰和恰当的要求，这是基于对于特殊教育的理解、残疾人体育的理解、学生的了解及专业知识的把握。

（2）能针对学生的问题提出、设计和修正不同的解决方案。

（3）能够运用有效教学手段、方式、方法和策略激发学生学习的欲望，并形成终身体育、终身锻炼的意识。

5. 提供及时的反馈和讲解

（1）对于教学中特殊群体学生的各种表现进行详细记录，并进行客观分析，及时反馈给学生。同时，也通过各种途径收集全体学生的反馈信息并整理分析，进行二次反馈。

（2）对于反馈的信息给予详细的讲解，并在后面的课中进行说明，对于特殊群体学生情况提供文字或视听反馈材料。

（3）创造机会让学生能及时进行反馈，而不是滞后的信息。

6. 促进知识和技能的巩固

（1）适应性体育学习的最终目的是让学习与特殊群体学生的生活及社会适应联系起来，所以学习要与特殊群体学生的生活需求、体验紧密相连。

（2）要提供机会让教学中所学技能、技术、锻炼及康复方法应用到实际生活、学习之中。

（3）将体育学习与学生整体人格的发展、社会适应能力的提升联系起来，促进全体学生观念的转变以及社会意识、公民意识的提升。

7. 促进知识和技能的迁移

（1）创造不同运动情景，促进特殊群体学生知识和技能的迁移。

（2）提供课外锻炼、课外训练、课外康复的机会，提供更多迁移的可能和实践。

（3）提供讨论和自主学习的机会，搭建教学与实际迁移的平台。

8. 现代技术的使用与应用

（1）熟练掌握现代技术的使用及运用，认识教学媒体与教学技术的优势和短板，用好，但不滥用。

（2）改变传统体育教授模式，尝试多种教学形式，呈现新型立体化教学模式。

四、教学评估与教学评价

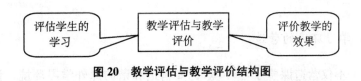

图 20 教学评估与教学评价结构图

1. 评估学生的学习

（1）强调过程评价、实际应用评价，淡化结果评价、刻板评价。特殊群体学生的体育学习和普通学生的学习有一致性就是学习不是只追求最后的分数，也不是全体学生只用一个标准评价，特殊群体学生更是如此，更要强调学生与自身比较，他是否有了更大进步，是否有利于其生活质量的提升、自信心的增加、社会适应力的增强，单一的评价指标对特殊群体学生没有实

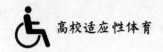

际意义。

（2）评估不仅要评估特殊群体学生身体机能、康复水平是否改变，也要评价其情感指标是否得到改善，身心是否得到了全面发展。

2. 评价教学的效果

（1）首先对教学内容、教学方法、教学手段、教学实施过程进行综合评价，评判是否科学可行、是否真正落实、是否符合学生实际。

（2）评价教学环境、设施、设备、器材的使用和管理是否安全、合理和适用。

（3）评价教学信息的采集、记录、分析是否全面、准确和及时。

五、教学组织与管理

图 21　教学组织与管理结构图

1. 学习环境的营造

（1）不仅营造课堂学习环境，也要营造和谐的课外学习环境。让教学具有延伸性和拓展性。让学生能够充分利用各种资源，享受教育公平。

（2）通过不同的教学策略，培养师生、生生间的信任关系，营造互相尊重、公平竞争、相互帮助的和谐氛围。

2. 学生信息的管理与共享

（1）应用现代化技术支持教学管理，能够对教学中的各种信息和数据进行收集、整理和统计，改变经验式的、随意式的管理方式。

（2）学生的信息要做到在必要范围内的共享，注意学生隐私的保护，避免泄露学生个人信息，确保信息安全。

以上只是针对适应性体育教学中可能面临的问题，以及作为承担这一工作的体育教师所应具备的能力和素养，其实真正的教学工作更加复杂而多变，这也对教师提出了更高的要求。

参考文献

［1］李波.体育特殊教育［M］.江苏:南京大学出版社,2016

［2］吉田仁美.高等教育いおける聴覚障害者の自立支援［M］.京都:株式会社　ミネルヴァ書房,2010

［3］成山治彦,有本昌剛.高校の特別支援教育［M］.東京都:明治図書出版株式会社,2012

［4］徳田克己,水野智美.障害理解「心のバリアフリーの理論と実践」［M］.東京都:株式会社　誠信書房,2005

［5］河野勝行.WHOの新「国際障害分類」を読む［M］.京都:図書出版文理閣,2003

［6］橋本眞奈美.「社会モデル」による新たな障害者介助制度の構築［M］.東京都:株式会社　明石書店,2014

［7］奥野英子.社会リハビリテーションの理論と実際［M］.東京都:株式会社　誠信書房,2007

［8］山崎昌廣.学校におけるアダプテットスポーツ教育の実施状況に関する調査研究［R］.平成21年度研究成果報告書,2010

［9］斎藤まゆみ.教養としてのアダプテッド体育・スポーツ学［M］.東京都:大修館書店,2018

［10］後藤邦夫.バリアフリーをめざす体育授業―障害のある子どもと共に学ぶ―［M］.東京都:杏林書院,2001

［11］中野 泰志.新しい心のバリアフリーずかん きみの「あたりまえ」を見直そう！［M］.東京都:ほるぷ出版,2018

［12］奥野 英子.生活支援の障害福祉学（シリーズ障害科学の展開）

[M].東京都:明石書店,2007

[13] 岡村章司.特別支援学校における自閉症児に対する保護者支援[J].特殊教育研究,2015,53(1):35-45

[14] 中澤　公孝.Adapted physical activityの可能性と課題[J].体育の科学,2014,64(6):391-395

[15] 高橋 儀平.さがしてみよう! まちのバリアフリー4 遊びとスポーツのバリアフリー[M].東京都:小峰書店,2011

[16] 方俊明.特殊教育学[M].北京:人民教育出版社,2007

[17] 田中直人.保志声国夫,陈浩.陈燕译.无障碍环境设计[M].北京:中国建筑工业出版社,2013

[18] 李志民.宋岭.无障碍建筑环境设计[M].天津:华中科技大学出版社,2011

[19] 杜鑫.中国部分高等体育院校开设特殊教育专业现状的调查研究[D].北京:北京体育大学,2010

[20] 世界卫生组织.国际功能、残疾和健康分类[S].日内瓦:世界卫生组织,2001:1-283

[21] 陈云英.中国特殊教育学基础[M].北京:教育科学出版社,2004

[22] 刘琼莲.残疾人均等享有公共服务问题研究[M].天津:天津人民出版社,2015

[23] 佐桥道广.张丽丽,杨虹译.无障碍改造的设计与实例[M].北京:中国建筑工业出版社,2018

[24] 曲学利.残疾大学生随班就读和支持策略的研究[M].北京:北京时代华文书局,2015

[25] 野村みどり.バリアフリー[M].東京都:慶応通信株式会社,1995

[26] 焦舰.城市无障碍设计[M].北京:中国建筑工业出版社,2014

[27] 周同,王于领.运动疗法[M].广州:中山大学出版社,2017

[28] 建筑节点构造图集.无障碍设施[M].北京:中国建筑工业出版社,2008

[29] 郑功成.残疾人事业蓝皮书,中国残疾人事业研究报告[M].北京:

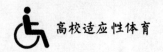

社会科学文献出版社,2018

　　[30] 谢琼.国际视角下的残疾人事业[M].北京:人民出版社,2013

　　[31] 彭兴蓬.全纳教育与残疾人的受教育权[M].湖北:华中师范大学出版社,2015

　　[32] 坦妮娅.残疾与全纳发展[M].北京:华夏出版社,2009

　　[33] 张煜晨.社会融合,残疾人职业教育保障研究[M].陕西:西安交通大学出版社,2017

　　[34] 中国国家标准化管理委员会.残疾人辅助器具 日常生活的环境控制系统[M].北京:中国标准出版社,2013

　　[35] 杨利雄.中国残疾人社会保障制度—中国残疾人事业发展研究系列[M].北京:人民出版社,2011